BESTACTIVITYBOOKS.COM

PRIMA EDIZIONE 2022

Illustrazione Grafica Extra: www.freepik.com
Grazie a Alekksall, Starline, Pch.vector, Rawpixel.com, Vectorpocket, Dgim-studio, Upklyak, Macrovector, Stockgiu, Pikisuperstar & Freepik.com Designers

Scoprire i Giochi Gratuiti Online

Disponibile Qui:

BestActivityBooks.com/FREEGAMES

5 CONSIGLI PER INIZIARE

1) COME RISOLVERE LE PAROLE INTRECCIATTE

I puzzle hanno un formato classico:

- Le parole sono nascoste senza spazi o trattini,...
- Orientamento: Le parole possono essere scritte in avanti, indietro, verso l'alto, verso il basso o in diagonale (possono essere invertite).
- Le parole possono sovrapporsi o intersecarsi.

2) APPRENDIMENTO ATTIVO

Accanto ad ogni parola c'è uno spazio per scrivere la traduzione. Per incoraggiare l'apprendimento attivo, un **DIZIONARIO** alla fine di questa edizione vi permetterà di controllare e ampliare le vostre conoscenze. Cerca e scrivi le traduzioni, trovale nel puzzle e aggiungile al tuo vocabolario!

3) SEGNARE LE PAROLE

Puoi inventare il tuo sistema di segni. Forse ne usi già uno? Per esempio, puoi segnare le parole difficili da trovare con una croce, le parole preferite con una stella, le parole nuove con un triangolo, le parole rare con un diamante, e così via.

4) STRUTTURARE L'APPRENDIMENTO

Questa edizione offre un **TACCUINO** alla fine del libro. In vacanza, in viaggio o a casa, puoi organizzare facilmente le tue nuove conoscenze senza bisogno di un secondo quaderno!

5) AVETE FINITO TUTTE LE GRIGLIE?

Nelle ultime pagine di questo libro, nella sezione della **SFIDA FINALE**, troverete un gioco gratuito!

Facile e veloce! Dai un'occhiata alla nostra collezione di libri di attività per il tuo prossimo momento di divertimento e **apprendimento,** a portata di clic!

Trova la tua prossima sfida su:

BestActivityBooks.com/MioProssimoLibro

Ai vostri posti, pronti...Via!

Sapevi che ci sono circa 7.000 lingue diverse nel mondo? Le parole sono preziose.

Amiamo le lingue e abbiamo lavorato duramente per creare libri di altissima qualità. I nostri ingredienti?

Una selezione di argomenti adatti all'apprendimento, tre buone porzioni di intrattenimento, una cucchiaiata di parole difficili e una spolverata di parole rare. Li serviamo con amore e entusiasmo in modo che tu possa risolvere i migliori giochi di parole e divertirti imparando!

La vostra opinione è essenziale. Puoi partecipare attivamente al successo di questo libro lasciandoci un commento. Ci piacerebbe sapere cosa ti è piaciuto di più di questa edizione.

Ecco un link veloce alla pagina dell'ordine:

BestBooksActivity.com/Recensione50

Grazie per il vostro aiuto e buon divertimento!

Tutta la squadra

1 - Salute e Benessere #2

V	D	H	P	C	G	E	N	E	T	I	K	O	V	V	R
E	N	E	R	G	I	O	N	I	M	A	T	I	V	D	R
A	L	E	R	G	I	O	D	H	Z	R	P	M	C	V	S
E	H	G	M	N	Q	B	R	I	O	I	R	O	L	A	K
G	Z	W	A	N	A	S	I	J	E	E	A	T	Y	M	K
J	R	T	S	C	S	S	F	N	S	T	J	A	H	A	K
O	K	E	A	K	O	R	P	O	A	C	O	N	I	L	G
L	V	A	Ĝ	R	B	K	W	E	N	P	D	A	G	S	Y
M	C	K	O	W	O	T	S	E	G	I	D	V	I	A	R
Y	S	W	T	T	T	I	Y	E	O	Q	J	O	E	N	N
Z	W	R	I	M	K	R	J	C	N	J	N	V	N	O	F
V	A	P	T	O	E	R	Y	Z	C	A	N	O	O	F	X
H	I	R	E	O	F	P	R	C	K	W	K	R	B	I	O
I	W	M	P	Y	N	Q	F	L	Q	Y	B	V	G	D	H
L	O	L	A	T	I	P	S	O	H	A	V	O	I	W	K
P	E	Z	O	N	U	T	R	A	D	O	C	K	G	O	O

ALERGIO
ANATOMIO
APETITO
KALORIO
KORPO
DIETO
DIGESTO
ENERGIO
GENETIKO
HIGIENO
INFEKTO
MALSANO
MASAĜO
NUTRADO
HOSPITALO
PEZO
SANGO
SANA
VITAMINO

2 - Aggettivi #2

A	Ŭ	T	E	N	T	A	L	U	P	W	Y	Y	P	F	C
S	A	N	A	S	H	T	K	J	R	M	V	K	U	I	P
F	M	P	D	H	G	N	S	E	I	A	G	L	R	E	F
G	V	G	M	J	G	A	Z	S	S	L	P	T	A	R	A
Y	L	N	L	E	Y	G	Q	A	K	S	F	W	V	A	M
N	A	T	U	R	A	E	I	D	R	A	O	R	O	S	A
A	L	E	I	D	X	L	J	O	I	T	R	W	N	C	N
M	A	N	R	D	Y	E	A	W	B	A	T	E	C	R	U
A	M	P	W	K	T	W	T	Ĉ	A	V	A	Q	C	S	H
R	R	U	M	X	G	B	J	C	L	E	R	F	K	A	L
D	O	I	R	Z	D	R	E	S	P	O	N	D	E	L	B
F	N	O	U	S	Q	L	J	L	D	E	D	C	F	A	L
Q	U	L	S	Y	J	D	G	P	H	L	S	B	S	J	U
B	M	R	N	F	D	P	G	X	T	M	Z	N	A	U	N
A	P	R	O	D	U	K	T	I	V	A	L	H	P	G	A
M	P	I	N	T	E	R	E	S	A	O	Q	K	Q	M	B

MALSATA
SEKA
AŬTENTA
KREA
PRISKRIBA
DOLĈA
DRAMAN
ELEGANTA
FAMA
FORTA

INTERESA
NATURA
NORMALA
NOVA
FIERA
PRODUKTIVA
PURA
RESPONDE
SALAJ
SANA

3 - Pesca

A	X	F	P	D	G	D	T	V	J	P	E	R	L	H	N
W	K	E	K	Z	W	T	R	M	P	B	T	I	Z	O	A
A	P	V	J	B	E	S	I	F	C	A	E	V	Z	K	Ĝ
V	X	K	O	G	I	O	R	T	J	B	M	E	E	O	I
D	B	H	K	W	E	U	R	Y	B	I	Y	R	A	T	L
P	O	Y	I	L	A	G	O	B	R	O	K	O	I	R	O
A	A	H	R	N	T	P	Ĵ	Y	R	L	U	K	W	P	J
C	T	K	B	S	M	Y	A	Y	Y	E	P	L	A	Ĝ	O
I	O	O	U	P	S	A	G	P	D	Z	D	C	X	H	Ĵ
E	E	O	C	I	O	W	O	E	A	K	L	E	W	O	A
N	G	S	K	E	R	S	L	Z	U	A	V	J	S	Q	P
C	Z	Q	P	G	A	I	K	O	A	M	H	E	O	O	I
O	K	F	B	C	W	N	S	S	E	Z	O	N	O	J	K
Y	N	P	F	D	U	S	O	T	A	R	D	G	M	B	E
V	X	V	E	F	R	G	U	R	O	X	E	F	C	O	T
Z	D	W	X	B	Y	R	T	E	J	H	Y	V	L	D	C

AKVO
EKIPAĴO
BOATO
BRIKOJ
KORBO
KUIRISTO
TROIGO
LOGAĴO
DRATO
RIVERO
HOKO
LAGO
MAKZELO
OCEANO
PACIENCO
PEZO
NAĜILOJ
PLAĜO
SEZONO

4 - Ingegneria

S	L	W	P	E	P	K	A	L	K	U	L	O	F	A	S
J	O	R	A	L	I	R	S	T	R	U	K	T	U	R	O
Z	U	T	E	A	V	Q	O	C	E	L	I	B	A	T	S
L	B	F	N	Q	A	A	I	F	P	Z	V	H	U	C	U
W	I	U	F	U	I	P	G	C	U	C	J	N	A	J	Q
C	R	K	M	K	D	H	R	Q	B	N	X	X	V	Q	L
M	T	B	V	I	S	J	E	J	Z	F	D	N	Z	P	E
P	S	V	D	A	W	P	N	B	Y	M	C	O	O	M	V
K	I	B	V	B	H	A	E	U	D	E	Z	E	L	O	I
J	D	D	I	A	G	R	A	M	O	R	A	J	T	D	L
M	K	O	N	S	T	R	U	O	E	O	N	F	W	A	O
D	O	D	I	A	M	E	T	R	O	T	G	M	A	R	J
F	T	T	S	A	J	R	V	V	L	A	U	H	K	U	Y
Q	R	X	O	M	A	Ŝ	I	N	O	C	L	U	S	Z	Q
W	O	U	W	R	S	A	G	U	J	I	O	Z	O	E	S
B	F	V	H	O	O	R	D	L	M	O	F	I	V	M	V

ANGULO
AKSO
KALKULO
KONSTRUO
DIAGRAMO
DIAMETRO
DEZELO
DISTRIBUO
ENERGIO
FORTO
ILAROJ
LEVILOJ
LIKVA
MAŜINO
MEZURADO
MOTORO
PROFUNDO
ROTACIO
STABILECO
STRUKTURO

5 - Archeologia

H	Z	A	Z	L	F	T	Q	I	H	N	E	E	S	P	O
T	I	A	G	X	R	V	E	Z	O	T	S	E	Q	O	R
O	S	T	O	J	A	X	D	A	R	D	P	P	J	S	F
Z	O	A	L	U	G	Q	S	F	M	C	L	O	A	T	B
I	M	N	I	N	M	N	L	E	X	O	O	K	O	E	K
L	E	O	S	A	E	Y	N	Y	Q	T	R	O	V	U	E
I	G	K	O	R	N	O	F	N	W	O	I	Z	G	L	O
V	O	E	F	M	T	P	O	F	W	M	S	I	E	O	A
I	B	N	H	I	O	S	R	R	W	B	T	L	M	X	R
C	L	X	I	E	J	P	G	Z	E	O	O	A	V	R	T
T	E	M	P	L	O	E	E	R	E	S	L	N	N	E	A
Z	A	K	W	G	R	R	S	Z	Z	C	T	A	A	K	K
E	L	N	D	H	A	T	I	V	C	K	E	A	V	W	S
J	N	B	A	L	J	A	T	V	I	I	R	L	Ĵ	H	O
M	I	S	T	E	R	O	A	H	E	W	E	S	O	A	M
P	R	O	F	E	S	O	R	O	Q	G	X	R	V	J	G

ANALIZO
JAROJ
CIVILIZO
FORGESITA
POSTEULO
EPOKO
SPERTA
FOSILO
FRAGMENTOJ
MISTERO
CELOJ
OSTOJ
PROFESORO
RESTAĴA
ESPLORISTO
NEKONATA
TEAMO
TEMPLO
TOMBO
TAKSO

6 - Salute e Benessere #1

K	G	P	K	K	J	O	L	O	K	S	U	M	Y	G	M
A	L	T	O	L	O	D	A	T	K	A	R	T	U	J	A
L	N	V	N	Q	I	R	O	H	A	T	O	C	C	U	L
Z	R	I	E	L	R	N	M	K	K	N	C	T	Y	P	S
I	B	R	T	R	E	M	I	D	T	P	Y	K	J	J	T
M	I	U	N	A	T	A	T	K	J	O	V	R	E	N	R
T	V	S	I	O	K	E	U	E	O	T	R	F	T	R	E
R	E	O	S	C	A	Y	K	B	N	N	H	O	K	S	Ĉ
E	C	R	B	W	B	B	A	W	O	I	V	W	I	K	I
F	U	Y	A	V	I	T	K	A	M	Q	B	Z	C	M	Ĝ
L	B	R	R	P	B	T	A	A	R	D	J	L	J	A	O
E	P	G	A	Z	I	X	A	P	O	T	E	K	O	L	D
K	C	Z	J	U	A	O	T	A	H	T	O	T	K	S	I
S	V	R	J	T	J	F	D	P	W	V	S	W	U	A	R
O	N	I	C	I	D	E	M	O	P	P	O	I	C	T	F
F	R	A	K	T	U	R	O	F	S	W	O	X	S	O	D

KUTIMO
ALTO
AKTIVA
BAKTERIOJ
KLINIKO
MALSATO
APOTEKO
FRAKTURO
MEDICINO
DOKTORO
MUSKOLOJ
NERVOJ
HORMONOJ
SINTENO
REFLEKSO
MALSTREĈIĜO
TERAPIO
TRAKTADO
VIRUSO

7 - Aggettivi #1

A	B	H	D	W	V	Y	Z	H	P	P	C	H	V	G	O
D	B	Q	O	Y	B	F	E	Z	E	L	E	B	A	R	Y
I	A	S	Y	N	M	Z	H	S	R	C	K	Z	W	A	V
P	M	J	O	Y	E	E	M	V	F	E	T	K	A	N	A
A	B	A	N	L	E	S	A	N	E	J	E	V	T	D	L
R	I	M	M	M	U	S	T	T	K	J	U	N	A	A	O
L	C	J	E	R	F	T	F	O	T	X	A	Y	G	V	R
A	I	A	R	T	A	D	A	V	A	R	G	E	E	J	A
M	A	M	A	L	A	V	A	R	A	T	N	E	D	I	T
B	N	O	K	O	N	O	K	F	S	F	O	M	N	V	O
B	R	R	I	N	F	Q	F	D	C	P	L	B	A	C	Z
H	E	A	D	P	C	U	S	B	Y	P	N	E	R	Y	K
G	D	I	L	G	C	A	E	Y	I	F	B	Y	G	A	E
F	O	D	A	Y	Y	F	A	R	G	P	L	W	S	V	K
Y	M	P	M	O	G	I	E	C	C	K	V	X	S	J	V
N	M	E	J	Y	P	A	K	T	I	V	A	G	K	Z	H

AMBICIA
AROMAJ
ARTA
ABSOLUTA
AKTIVA
GRANDEGA
EKZOTA
MALAVARA
JUNA
GRANDA
IDENTA
GRAVA
MALRAPIDA
LONGA
MODERNA
HONESTO
PERFEKTA
PEZA
VALORA
MALDIKA

8 - Geologia

K	A	V	E	R	N	O	F	Ŝ	U	U	B	R	K	S	S
L	K	I	W	T	I	B	Q	T	I	S	H	O	V	D	T
C	M	Q	O	I	C	X	Z	O	R	E	S	J	E	G	A
A	I	L	U	A	N	M	Y	N	O	I	V	T	U	T	L
S	N	A	F	L	A	O	W	O	J	O	Y	K	W	A	A
I	E	V	I	T	T	E	R	T	R	E	M	O	U	V	G
E	R	U	N	E	N	M	I	E	R	O	Z	I	O	O	M
L	A	L	C	B	V	W	L	U	B	K	C	L	L	L	I
L	L	K	C	E	R	X	W	P	M	F	O	R	I	O	T
A	O	A	H	N	E	G	S	A	L	O	N	R	A	L	O
V	J	N	W	A	W	S	K	O	D	I	C	A	A	V	J
O	J	O	O	Ĵ	Y	C	F	Q	S	C	A	R	V	L	K
J	T	Y	P	O	T	I	T	K	A	L	A	T	S	F	O
F	O	S	I	L	O	N	X	K	M	A	E	A	J	G	H
K	O	N	T	I	N	E	N	T	O	K	T	J	T	B	H
Q	O	C	E	P	Y	K	R	I	S	T	A	L	O	J	M

ACIDO
ALTEBENAĴO
KALCIO
KAVERNO
KONTINENTO
KORALO
KRISTALOJ
EROZIO
FOSILO
GEJSERO
LAVO
MINERALOJ
ŜTONO
KVARCO
SALO
STALAGMITOJ
STALAKTITO
TAVOLO
TERTREMO
VULKANO

9 - Campeggio

N	K	S	D	W	A	Q	W	G	V	P	U	R	K	Ĉ	X
B	J	O	B	R	A	Z	U	M	A	Q	B	P	A	A	W
D	R	P	M	J	V	T	H	K	E	S	W	J	N	S	U
Ĉ	M	A	Z	P	O	M	Y	P	X	U	X	J	U	A	C
N	A	M	R	X	A	A	P	G	C	Q	K	V	O	D	Q
D	H	P	T	R	V	S	O	R	U	T	A	N	T	O	P
J	X	H	E	C	A	V	O	N	U	L	B	F	K	R	B
I	P	V	M	L	J	X	T	H	D	Y	A	A	E	A	V
T	X	C	E	S	O	E	N	Z	A	M	N	J	S	B	J
M	Q	N	M	T	T	W	O	E	W	M	O	R	N	R	S
A	N	J	K	C	S	E	M	I	S	B	A	O	I	A	U
O	R	U	T	N	E	V	A	U	C	U	P	K	O	Z	C
D	Q	H	C	R	B	D	S	M	O	L	Z	K	O	H	O
N	A	L	Q	R	I	D	F	L	A	A	P	A	K	Q	R
E	D	A	C	K	D	K	G	H	Q	G	D	S	C	L	P
T	T	B	M	V	N	M	B	Z	M	O	R	U	N	Ŝ	Z

ARBOJ
HAMAKO
BESTOJ
AVENTURO
KOMPASO
KABANO
ĈASADO
KANUO
ĈAPELO
ŜNURO
AMUZA
ARBARO
FAJRO
INSEKTO
LAGO
LUNO
MAPO
MONTO
NATURO
TENDO

10 - Arti Visive

H	F	H	A	W	Q	B	Z	S	L	O	J	U	A	M	H
P	X	O	V	I	T	K	E	P	S	R	E	P	R	B	D
A	U	B	T	P	O	D	A	N	O	P	M	O	K	C	K
H	N	A	N	O	L	B	A	Ŝ	T	X	P	M	I	K	F
I	P	J	M	V	Q	U	K	Y	R	L	W	W	T	W	A
Z	L	Q	A	A	L	S	M	F	V	V	X	P	E	P	A
B	E	P	X	E	Y	V	O	O	E	P	B	U	K	H	R
P	O	R	T	R	E	T	O	O	S	F	W	U	T	P	G
H	S	X	Y	K	D	R	H	N	T	I	N	A	U	K	I
S	K	U	L	P	T	A	Ĵ	O	A	L	K	G	R	I	L
H	A	Q	K	R	E	T	O	J	B	M	B	A	O	R	O
D	V	W	S	Y	X	E	H	A	L	O	O	P	R	B	B
A	R	T	I	S	T	O	G	R	O	N	O	D	H	B	A
C	E	R	A	M	I	K	O	K	R	E	V	F	E	Ĉ	O
L	A	G	L	A	Z	U	R	O	X	G	O	Z	U	Z	C
B	I	Y	B	K	E	J	T	D	M	T	A	F	D	Q	P

ARKITEKTURO
ARGILO
ARTISTO
ĈEFVERKO
KARBO
ESTABLO
VAKSO
CERAMIKO
KOMPONADO
KREAVO
FILMO
FOTO
KRETO
KRAJONO
PLUMO
PERSPEKTIVO
PORTRETO
SKULPTAĴO
ŜABLONA
GLAZURO

11 - Tempo

N	L	M	N	M	F	T	H	K	H	C	F	L	J	E	T
J	Z	K	A	S	M	O	B	A	G	O	V	Z	A	S	M
S	I	O	B	T	S	O	P	L	I	T	R	Z	R	T	R
C	W	T	B	U	E	K	U	E	X	K	W	A	D	O	Q
B	A	L	D	A	Ŭ	N	B	N	R	O	I	G	E	N	Y
M	F	R	Z	S	A	Y	O	D	D	N	S	S	K	T	N
V	O	Y	Y	V	I	I	T	A	Z	Q	K	E	O	E	B
O	S	A	B	U	D	A	N	R	N	P	N	M	T	C	Z
W	S	G	Z	H	O	S	E	O	B	O	T	A	N	O	N
T	F	Y	E	Z	H	P	C	M	I	V	A	J	E	A	J
H	I	E	R	A	Ŭ	G	R	Z	O	V	G	N	M	N	B
M	I	N	U	T	O	R	A	J	U	N	O	O	O	T	D
D	E	M	H	T	B	D	J	N	A	Y	A	D	M	A	M
L	T	T	R	U	J	L	W	V	U	J	E	T	I	Ŭ	C
X	H	W	F	L	V	O	O	U	L	C	W	E	O	P	S
T	A	G	M	E	Z	O	Ĝ	O	L	R	O	H	C	X	O

JARO
KALENDARO
JARDEKO
POST
ESTONTECO
TAGO
HIERAŬ
MATENO
MONATO
TAGMEZO

MINUTO
MOMENTO
NOKTO
HODIAŬ
HORA
HORLOĜO
BALDAŬ
ANTAŬ
JARCENTO
SEMAJNO

12 - Astronomia

B	Y	H	G	K	C	O	T	F	P	K	L	T	E	N	X
Z	M	P	W	O	I	P	T	L	L	O	O	L	E	I	Ĉ
G	R	A	V	I	T	O	V	W	A	J	I	S	Z	N	O
I	B	L	O	C	A	K	U	C	N	R	S	Z	M	L	A
U	D	U	H	A	T	S	S	R	E	S	K	P	A	O	V
S	M	B	J	L	R	E	T	T	D	N	A	O	V	B	O
E	R	E	K	E	S	L	R	R	O	F	L	Q	O	X	N
S	I	N	D	T	O	E	E	O	O	D	A	I	D	A	R
H	S	J	E	S	U	T	T	B	D	N	G	C	G	M	E
E	K	V	I	N	O	K	S	O	I	U	O	A	O	E	P
R	J	A	N	O	N	C	Z	T	O	R	I	M	G	T	U
K	A	B	W	K	U	H	U	E	R	F	H	Z	O	E	S
P	C	S	R	P	L	Z	W	K	E	Y	W	E	U	O	J
U	N	I	V	E	R	S	O	A	T	F	T	A	U	R	T
M	O	F	R	N	Y	I	F	R	S	Z	S	Z	C	O	P
G	E	U	Y	O	I	R	O	T	A	V	R	E	S	B	O

ASTEROIDO
ASTRONOMO
ĈIELO
KOSMO
KONSTELACIO
EKVINOKSO
GALAKSIO
GRAVITO
LUNO
METEORO
NEBULA
OBSERVATORIO
PLANEDO
RADIADO
RAKETO
SUPERNOVAO
TELESKOPO
TERO
UNIVERSO

13 - Algebra

G	K	X	M	F	O	R	M	U	L	O	F	W	B	T	S
G	R	X	V	A	Y	B	J	M	Y	L	A	C	M	Y	U
J	D	A	D	I	T	J	J	Z	I	K	K	Z	H	W	B
I	O	L	F	N	K	R	G	D	K	H	T	Z	Y	L	T
U	W	O	M	I	G	E	I	G	C	P	O	I	X	N	R
H	I	E	R	L	K	J	T	C	Z	G	R	N	X	Y	A
F	A	L	S	A	A	O	V	L	O	S	O	L	T	M	H
Z	J	P	U	G	E	K	S	P	O	N	E	N	T	O	O
S	I	M	P	L	I	G	I	Q	M	N	Y	W	N	U	C
S	E	N	F	I	N	E	K	T	A	F	U	Y	U	U	J
P	A	R	E	N	T	E	Z	O	R	R	E	M	L	Z	C
Q	V	A	R	I	A	B	L	O	G	A	Z	W	E	R	Y
J	B	Q	E	O	F	A	C	Z	A	K	F	Z	Y	R	B
P	R	O	B	L	E	M	O	O	I	C	A	V	K	E	O
A	S	E	N	W	V	Z	C	O	D	I	V	I	D	M	Q
Y	C	Z	L	I	B	G	N	J	O	O	L	K	G	S	B

DIAGRAMO
DIVIDO
EKVACIO
EKSPONENTO
FALSA
FAKTORO
FORMULO
FRAKCIO
GRAFIKO
SENFINE

LINIA
MATRICO
NUMERO
PARENTEZO
PROBLEMO
SIMPLIGI
SOLVO
SUBTRAHO
VARIABLO
NUL

14 - Mitologia

M	G	N	L	K	L	R	H	A	Z	W	D	A	N	F	W
O	S	A	A	O	T	S	E	B	R	F	U	X	U	O	Q
R	M	G	B	N	M	U	A	A	D	K	N	P	B	R	W
T	P	I	I	D	Y	K	E	J	C	M	E	D	J	T	H
A	D	T	R	U	I	Y	T	E	V	Y	N	T	P	O	T
U	D	U	I	T	D	C	O	P	T	R	E	V	I	U	U
K	E	A	N	O	C	E	T	R	O	M	N	E	S	P	G
Ĵ	U	H	T	E	A	V	U	K	R	M	P	O	N	C	O
A	M	L	O	R	I	W	V	V	D	A	G	M	D	R	S
L	I	F	T	K	G	H	O	W	N	I	H	C	O	A	L
U	L	V	S	U	B	G	T	F	O	G	O	O	R	E	H
Z	I	O	F	O	R	T	S	A	T	A	K	J	T	D	X
O	T	Ĝ	I	V	K	O	W	B	T	M	A	A	S	V	L
W	O	N	N	L	E	G	E	N	D	O	J	B	N	K	W
R	M	E	A	Q	B	C	P	Z	M	Q	I	L	O	J	M
X	P	V	Z	H	O	E	U	Z	H	F	U	L	M	O	F

ARKETIPO
KONDUTO
BESTO
KREO
KULTURO
KATASTROFO
DIOJ
HEROO
FORTO
FULMO

ĴALUZO
MILITO
SENMORTECO
LABIRINTO
LEGENDO
MAGIA
MORTA
MONSTRO
TONDRO
VENĜO

15 - Piante

Q	B	K	V	G	B	N	F	D	R	A	D	I	K	O	M
F	O	C	K	O	Z	R	L	G	Y	H	C	Y	Y	K	U
U	T	K	G	F	Y	R	O	R	E	B	K	G	X	R	S
X	A	Y	R	R	U	U	R	O	Y	Q	K	H	R	E	K
K	N	H	E	R	B	O	O	L	A	T	E	P	S	T	O
U	I	W	E	U	U	Q	U	V	G	G	W	E	R	S	M
Y	K	O	R	O	E	G	B	E	L	R	S	D	F	H	D
T	O	D	Q	X	V	T	M	G	A	M	D	D	O	P	G
T	G	S	U	V	V	W	A	E	C	R	A	R	B	O	K
F	A	W	K	R	Ĝ	Q	B	T	M	G	B	X	I	H	A
P	L	A	S	A	A	D	U	A	F	A	O	A	P	S	K
H	B	O	E	T	R	A	T	Ĵ	F	O	A	Y	R	L	T
T	A	O	R	E	D	E	H	A	W	B	L	O	J	O	O
U	O	H	K	A	E	M	P	R	U	A	F	I	V	N	Q
L	B	D	C	E	N	C	T	O	D	F	T	R	O	D	E
V	Q	X	W	Q	O	T	S	U	B	R	A	F	K	J	B

ARBO
BERO
BAMBUO
BOTANIKO
KAKTO
ARBUSTO
KRESKU
HEDERO
HERBO
FABO

STERKO
FLORO
FLORA
FOLIOJ
ARBARO
ĜARDENO
MUSKO
PETALO
RADIKO
VEGETAĴARO

16 - Spezie

A	Q	T	J	O	T	S	U	G	L	A	E	V	A	F	Z
V	T	I	R	R	F	U	Q	V	Y	Ĉ	J	P	N	E	I
N	A	X	P	P	Y	V	R	A	J	L	O	J	T	N	N
L	Y	E	S	I	Y	P	Z	M	D	O	J	J	C	K	G
V	F	D	F	P	N	E	D	K	E	D	B	K	W	O	I
L	B	B	J	N	A	I	G	D	Y	R	R	U	C	L	B
V	D	T	I	F	T	W	E	D	C	X	I	Z	L	O	R
L	U	C	M	B	M	O	M	A	D	R	A	C	W	Z	O
R	J	U	J	T	O	Z	T	K	G	O	M	W	D	I	C
B	E	I	N	X	L	K	U	M	H	M	D	H	I	N	V
C	Q	K	O	R	I	A	N	D	R	O	L	A	S	A	U
O	E	C	J	M	N	N	B	D	F	L	Q	G	O	N	T
X	H	P	O	N	A	R	F	A	S	K	U	M	I	N	O
J	U	X	O	L	V	N	A	M	R	A	M	A	R	A	K
D	D	N	I	A	I	F	I	D	Y	Z	L	U	K	W	L
L	X	E	P	V	L	P	O	C	I	R	O	K	I	L	G

AJLO
AMARA
ANIZO
CINAMO
CARDAMOM
CEPO
KORIANDRO
KUMINO
TURMERIC
CURRY
DOLĈA
FENKOLO
GUSTO
GLIKORICO
NUTMEG
PIPRO
SALO
VANILO
SAFRANO
ZINGIBRO

17 - Numeri

D	V	D	O	S	G	L	X	F	F	U	M	H	M	X	E
E	R	J	E	Q	H	N	D	P	Q	Z	Y	K	B	W	I
K	E	D	M	C	N	T	F	E	E	X	K	V	E	D	W
N	O	B	L	C	I	D	E	K	S	E	S	A	X	H	E
A	V	C	Q	W	V	M	H	K	X	J	E	R	B	G	C
Ŭ	Q	V	J	Z	K	Y	A	D	E	K	S	E	P	S	B
I	M	H	D	E	O	L	P	L	H	A	T	T	P	E	E
K	J	Z	E	B	K	L	G	Z	A	Q	R	O	D	C	K
R	A	V	K	K	E	D	R	F	P	T	I	A	X	D	I
H	K	E	D	U	D	W	D	E	K	T	R	I	J	E	B
N	U	U	U	N	U	L	W	L	D	T	S	E	P	K	H
Q	A	O	D	N	F	P	B	E	U	Y	T	I	S	K	M
Z	V	Ŭ	B	S	K	Q	B	Q	E	M	D	C	F	V	Z
D	D	G	K	U	X	R	U	Q	B	W	Q	X	X	I	L
Q	K	S	E	T	W	C	L	E	F	U	D	H	B	N	H
W	O	K	Q	H	K	E	K	B	H	W	D	E	A	Z	T

KVIN
DECIMALA
DEK NAŬ
DEK SEP
DEK OK
DEK
DEK DU
DU
NAŬ
OK
DEK KVAR
KVAR
DEK KVIN
DEK SES
SES
SEP
TRI
DEK TRI
DUDEK
NUL

18 - Immigrazione

A	S	Q	T	O	N	S	L	K	L	Z	H	L	Y	P	P
D	D	W	U	V	G	Z	I	O	P	L	E	H	E	Q	L
J	O	M	I	L	U	H	M	M	H	X	W	V	K	J	E
O	V	K	I	R	D	X	D	U	S	T	R	E	Ĉ	O	N
Ĝ	L	Z	U	N	R	T	A	N	L	I	N	G	V	O	K
O	O	V	B	M	I	R	T	I	K	K	X	M	P	D	R
L	S	G	M	W	E	S	O	K	C	M	L	S	R	A	E
S	N	F	W	P	Z	N	T	O	L	E	Ĝ	O	O	C	S
O	H	K	Y	I	I	T	T	R	C	E	O	D	T	O	K
I	N	F	A	N	O	J	P	O	O	I	F	A	E	G	U
C	A	U	Q	H	M	J	R	B	J	L	I	C	K	E	L
A	G	P	L	S	N	J	O	B	U	Y	C	N	T	N	O
U	L	J	R	J	D	Z	C	V	H	Y	I	A	O	E	J
T	G	C	I	O	X	D	E	Y	Q	P	R	N	E	J	A
I	Q	M	Q	I	B	Q	S	K	L	W	O	I	C	O	C
S	T	L	Q	J	L	O	O	F	Y	U	Q	F	F	K	L

PLENKRESKULOJ
HELPO
LOĜOJ
ADMINISTRO
APROBO
INFANOJ
KOMUNIKO
DOKUMENTOJ
FINANCADO
LIMOJ
LEĜO
LINGVO
PROCESO
PROTEKTO
LIMDATO
SITUACIO
SOLVO
STREĈO
NEGOCADO
OFICIRO

19 - Guida

P	R	A	P	I	D	O	Y	T	X	E	G	B	X	J	C
M	I	O	D	A	T	R	O	P	S	N	A	R	T	R	Q
O	R	E	Ĝ	N	A	D	Z	W	U	C	V	E	A	A	M
T	V	I	D	G	X	I	A	W	B	N	I	M	Y	R	V
O	P	A	M	I	X	V	G	J	T	M	F	S	L	J	Q
R	M	H	G	L	R	K	D	P	H	P	Q	O	S	U	B
C	T	O	K	I	F	A	R	T	P	G	K	J	B	V	B
I	B	T	I	T	X	F	N	Q	F	A	T	L	H	U	N
K	S	N	Z	L	D	J	R	T	B	U	N	Q	C	K	P
L	E	E	V	J	J	Y	D	P	O	L	E	N	U	T	E
O	K	D	I	Z	Y	P	S	Z	R	R	V	L	M	T	X
Ĝ	U	I	H	L	F	O	M	F	O	V	R	O	O	H	A
A	R	C	D	S	T	L	E	O	T	U	V	J	J	G	Ŭ
R	E	K	F	W	D	I	K	K	O	L	J	U	G	O	T
A	C	A	L	U	K	C	H	Y	M	T	D	X	R	N	O
G	O	G	L	A	Q	O	L	I	S	E	M	R	E	P	A

AŬTO
BUSO
FUELO
BREMSOJ
GARAĜO
GAZO
AKCIDENTO
PERMESILO
MAPO
MOTORCIKLO
MOTORO
PIEDIRANTO
DANĜERO
POLICO
SEKURECO
VOJO
TRAFIKO
TRANSPORTADO
TUNELO
RAPIDO

20 - I Media

E	O	B	N	L	D	I	G	I	T	A	L	O	H	J	O
T	D	N	Q	O	K	I	L	B	U	P	O	S	K	O	W
E	I	U	F	K	S	F	A	Z	Q	J	R	A	O	R	B
R	V	D	K	A	B	N	I	G	H	I	A	F	M	Q	F
H	E	H	Z	O	V	E	I	N	S	Z	D	O	E	M	A
G	L	E	A	N	F	A	O	N	A	I	I	T	R	T	K
L	E	J	N	O	W	R	I	V	T	N	O	O	C	A	T
A	T	A	A	D	Y	Q	R	N	A	E	C	J	A	A	O
I	S	V	D	L	V	M	T	Y	I	S	L	A	X	W	J
F	I	B	J	E	M	R	S	P	C	T	O	E	D	J	Z
I	N	D	I	V	I	D	U	O	N	Y	P	L	K	O	Z
Z	H	Z	I	N	S	R	D	M	L	K	I	N	U	T	L
Q	L	B	U	L	K	F	N	L	Y	C	N	R	R	E	A
F	U	D	K	Y	C	H	I	Z	F	P	I	D	E	Z	L
T	Q	U	K	O	M	U	N	I	K	O	O	I	T	A	R
S	I	N	T	E	N	O	J	T	R	S	E	K	O	G	H

SINTENOJ
KOMERCA
KOMUNIKO
DIGITALO
ELDONO
EDUKO
FAKTOJ
FINANCADO
FOTOJ
GAZETOJ

INDIVIDUO
INDUSTRIO
INTELEKTA
LOKA
RETE
OPINIO
PUBLIKO
RADIO
RETO
TELEVIDO

21 - Forza e Gravità

D	I	N	A	M	I	K	A	R	A	P	I	D	O	Y	I
F	U	S	K	V	N	Q	M	E	K	A	N	I	K	O	Z
D	I	S	T	A	N	C	O	S	K	A	E	A	X	K	T
L	E	C	B	P	S	E	P	Z	O	T	K	U	I	I	V
V	A	E	M	T	R	Y	M	S	I	N	B	K	Y	F	R
G	M	N	P	Z	H	M	E	F	D	Q	O	S	D	E	N
B	S	T	L	K	J	Q	T	P	L	A	N	E	D	O	J
F	Y	R	Q	N	F	G	B	I	I	L	W	O	F	V	R
S	G	O	D	A	T	O	R	F	E	A	F	N	I	O	G
P	N	E	Q	F	Z	E	B	P	O	S	B	B	Z	K	V
V	E	A	R	O	E	K	D	P	R	R	G	I	I	L	K
T	T	Z	N	U	U	G	H	A	G	E	B	T	K	E	V
D	Q	S	O	S	N	A	P	X	E	V	M	I	O	O	A
M	A	G	N	E	T	I	S	M	O	I	A	O	T	T	Z
M	O	V	O	F	H	W	F	W	T	N	R	A	C	O	L
P	R	O	P	R	A	Ĵ	O	J	N	U	L	X	V	P	C

AKSO
FROTADO
CENTRO
DINAMIKA
DISTANCO
EXPANSO
FIZIKO
EFIKO
MAGNETISMO
MEKANIKO
MOVO
ORBITO
PEZO
PLANEDOJ
PREMO
PROPRAĴOJ
ELKOVO
TEMPO
UNIVERSALA
RAPIDO

22 - Uccelli

A	H	B	V	S	M	W	A	T	R	U	G	Q	K	P	P
X	Q	K	U	C	V	C	N	A	C	U	O	T	O	E	A
J	X	Y	T	T	A	H	S	F	D	Z	V	A	L	L	S
A	C	P	Z	C	H	C	E	N	G	I	O	G	O	I	E
B	F	B	D	C	F	X	R	F	G	P	T	L	M	K	R
K	Z	W	V	R	T	B	O	S	A	N	A	O	B	A	O
F	L	A	M	I	N	G	O	I	G	V	X	Y	O	N	D
A	P	N	F	A	L	K	O	M	N	V	T	E	P	O	I
R	P	I	H	K	P	K	T	P	J	O	W	I	A	F	K
D	H	J	I	C	X	B	U	G	A	Q	K	R	V	K	O
E	L	P	Z	S	R	G	R	J	C	P	X	I	O	U	K
O	Q	U	Y	K	R	G	T	W	F	Z	A	A	C	K	R
C	I	G	N	O	S	M	S	C	N	F	M	G	Y	O	I
A	L	K	P	I	N	G	V	E	N	O	E	X	O	L	L
R	S	M	P	H	U	N	U	K	H	L	V	W	S	O	L
B	K	M	N	N	Q	L	R	B	E	N	O	M	V	F	J

ARDEO
ANASO
AGLO
CIKONIO
CIGNO
KUKOLO
FALKO
FLAMINGO
MEVO
ANSERO
PAPAGO
PASERO
PAVO
PELIKANO
KOLOMBO
PINGVENO
KOKIDO
STRUTO
TOUCAN
OVO

23 - Giorni e Mesi

W	L	A	O	R	A	D	N	E	L	A	K	P	A	T	F
N	P	K	Y	E	Z	D	E	W	B	R	M	J	Ŭ	O	K
V	E	N	D	R	E	D	O	C	K	O	V	U	G	K	R
N	A	Z	D	W	A	I	N	C	E	U	N	L	U	T	X
Q	Q	X	A	N	K	A	E	F	B	M	K	I	S	O	D
C	O	L	F	Z	D	S	L	L	T	T	B	O	T	B	I
O	R	A	U	R	B	E	F	M	M	M	N	R	O	R	M
A	B	H	B	N	L	O	R	B	L	A	H	M	O	O	A
R	M	Q	B	A	D	P	M	S	A	R	O	Q	W	F	N
Q	E	J	Z	V	P	O	R	A	J	D	G	M	G	L	Ĉ
O	T	E	M	J	G	R	X	E	F	O	M	B	S	H	O
T	P	J	U	N	I	O	I	J	A	N	U	A	R	O	E
M	E	R	K	R	E	D	O	L	S	A	B	A	T	O	Z
K	S	M	O	N	A	T	O	H	O	P	T	E	Y	T	H
M	J	B	A	N	O	V	E	M	B	R	O	O	W	M	L
A	K	A	J	C	S	E	M	A	J	N	O	A	M	K	B

AŬGUSTO
JARO
APRILO
KALENDARO
DECEMBRO
DIMANĈO
FEBRUARO
JANUARO
JUNIO
JULIO
LUNDO
MARDO
MERKREDO
MONATO
NOVEMBRO
OKTOBRO
SABATO
SEPTEMBRO
SEMAJNO
VENDREDO

24 - Casa

M	Q	H	F	X	O	T	N	E	M	G	E	T	B	U	S
T	A	P	I	Ŝ	O	K	X	U	U	K	D	R	D	F	I
S	D	L	T	M	Ĝ	U	T	O	R	J	A	F	G	Q	U
J	Z	E	R	C	A	W	E	Z	O	K	N	A	L	P	R
P	E	Y	H	V	R	G	G	E	N	Ŝ	F	M	U	W	V
H	O	B	X	Q	A	L	M	R	O	Z	U	L	U	R	B
T	L	R	I	B	G	B	E	M	F	R	P	D	O	B	A
L	I	F	D	B	P	M	N	C	A	L	A	M	P	O	L
X	R	C	R	O	L	S	T	W	L	K	V	T	G	A	A
Ĉ	A	M	B	R	O	I	O	M	P	J	I	F	F	I	O
S	B	S	L	F	O	U	O	K	U	I	R	E	J	O	R
F	E	N	E	S	T	R	O	T	S	P	E	G	U	L	O
I	D	S	T	W	Z	Z	O	N	E	D	R	A	Ĝ	H	N
N	S	P	Q	B	V	B	H	P	C	K	U	U	S	O	A
W	N	K	B	P	W	X	Q	Y	W	M	O	Z	N	D	R
E	W	C	O	Y	E	I	Z	F	F	Z	Q	Q	X	A	K

SUBTEGMENTO
BIBLIOTEKO
ĈAMBRO
FAJRO
KUIREJO
DUŜO
FENESTRO
GARAĜO
ĜARDENO
LAMPO
MURO
PLANKO
PORDO
BARILO
KRANO
BALAO
PLAFONO
SPEGULO
TAPIŜO
TEGMENTO

25 - Fantascienza

G	F	U	T	U	R	I	S	T	A	G	A	M	I	J	X
R	A	G	L	I	A	A	C	O	S	M	M	M	X	O	X
F	E	L	Q	D	W	D	S	I	F	Y	O	D	N	O	M
D	M	A	A	V	J	N	J	G	A	R	E	T	S	I	M
W	O	G	L	K	Q	I	P	O	J	Y	G	F	A	F	H
U	N	A	I	I	S	R	M	L	R	S	J	F	C	L	J
V	Y	D	V	J	S	I	J	O	O	L	O	K	A	R	O
T	G	J	E	W	K	M	O	N	I	K	T	N	D	I	R
P	L	A	N	E	D	O	O	K	P	V	O	S	X	L	B
E	K	S	T	R	E	M	A	E	O	N	B	C	I	U	I
F	B	O	S	K	I	G	D	T	T	Z	O	O	E	Z	L
H	V	J	N	P	F	T	V	R	S	R	R	E	I	I	D
P	Z	K	W	H	U	F	D	O	I	P	O	T	U	O	N
I	T	U	L	L	I	D	X	S	D	X	E	A	I	X	H
K	F	I	B	V	B	L	N	E	K	S	P	L	O	D	O
L	W	I	O	K	S	F	U	B	H	J	A	M	W	Q	Y

ATOMA
KINO
DISTOPIO
EKSPLODO
EKSTREMA
MIRINDA
FAJRO
FUTURISTA
GALAKSIO
ILUZIO
IMAGA
LIBROJ
MISTERA
MONDO
ORAKOLO
PLANEDO
REALISMO
ROBOTOJ
TEKNOLOGIO
UTOPIO

26 - Città

B	B	S	O	O	G	L	K	I	N	A	S	B	A	B	Y
B	A	A	U	L	Y	L	V	I	G	P	U	I	O	J	K
C	Q	N	K	Y	K	E	W	W	T	O	P	B	I	I	I
E	O	C	K	E	A	R	N	X	E	T	E	L	M	T	C
K	R	T	W	O	J	G	I	B	D	E	R	I	T	G	Q
F	T	O	L	E	T	O	H	O	O	K	B	O	G	V	A
N	A	Z	F	X	V	U	Y	L	K	O	A	T	Z	E	L
M	E	R	K	A	T	O	V	D	I	R	Z	E	Y	N	V
H	T	C	M	X	M	H	V	X	N	E	A	K	Q	D	U
K	K	I	N	O	J	E	R	B	I	L	R	O	E	E	F
Q	M	V	P	W	P	Q	I	F	L	A	O	N	N	J	C
G	D	M	M	O	N	R	Z	H	K	G	E	O	U	O	J
S	X	X	U	F	L	O	R	I	S	T	O	H	M	Z	V
Z	H	Q	Z	L	E	R	N	E	J	O	I	D	A	T	S
X	O	Y	E	U	N	I	V	E	R	S	I	T	A	T	O
V	L	O	O	N	E	V	A	H	G	U	L	F	A	C	Z

FLUGHAVENO
BANKO
BIBLIOTEKO
KINO
KLINIKO
APOTEKO
FLORISTO
GALERO
HOTELO
LIBREJO
MERKATO
MUZEO
VENDEJO
BAKEJO
LERNEJO
STADIO
SUPERBAZARO
TEATRO
UNIVERSITATO
ZOO

27 - Fattoria #1

M	R	I	Z	O	K	R	O	P	A	A	B	T	F	B	Z
U	B	X	O	N	X	E	G	C	K	B	S	A	F	A	Z
S	E	M	O	J	Q	X	E	G	Z	P	E	K	J	R	K
E	B	T	L	O	B	D	R	I	P	Q	N	L	O	I	Y
T	J	X	J	F	C	A	G	Y	U	N	F	N	O	L	S
Q	Z	B	S	K	G	M	S	F	J	F	L	G	L	O	C
J	J	A	K	V	O	K	R	E	T	S	T	L	E	K	U
S	G	G	M	Q	N	I	A	J	O	F	V	I	I	S	L
B	U	U	L	Q	E	P	U	M	R	F	N	X	M	P	D
O	B	P	W	K	Z	C	H	A	P	R	D	N	S	J	W
V	O	Q	N	T	A	N	S	Y	A	O	D	I	K	O	K
I	V	I	O	R	U	T	L	U	K	I	R	G	A	L	Y
N	I	J	D	M	Z	W	O	C	O	P	F	Y	G	A	T
O	D	B	N	J	I	N	T	J	B	N	J	T	Z	V	H
A	O	I	U	M	U	N	Y	O	S	L	E	Q	K	E	W
Z	A	Q	H	F	M	W	R	L	P	B	M	H	Q	Ĉ	Q

AKVO
AGRIKULTURO
ABELO
AZENO
KAMPO
HUNDO
KAPRO
ĈEVALO
STERKO
FOJNO
KATO
GREGO
PORKO
MIELO
BOVINO
KOKIDO
BARILO
RIZO
SEMOJ
BOVIDO

28 - Psicologia

H	Q	T	F	N	N	L	P	K	L	I	N	I	K	A	S
J	W	A	G	J	O	T	P	E	C	R	E	P	V	F	Z
E	H	K	A	C	V	O	F	D	R	S	N	Y	C	V	B
M	D	S	I	N	X	F	I	A	Q	S	C	P	O	C	W
O	S	O	C	L	L	Y	B	K	E	Z	O	T	N	E	S
C	E	K	J	R	O	O	Ĝ	A	N	A	F	N	I	B	Y
I	N	S	O	M	S	I	O	G	E	A	R	D	E	H	I
O	K	U	S	N	S	P	E	R	T	O	J	E	L	C	G
J	O	B	N	T	F	N	O	M	U	M	O	T	A	V	O
O	N	K	E	X	N	L	Ĝ	U	P	H	T	E	W	L	K
E	S	O	P	F	H	P	I	U	Q	W	U	R	N	O	O
D	C	N	B	T	M	I	I	K	E	W	D	A	W	Y	H
I	I	S	P	W	J	B	C	V	T	X	N	P	L	Y	E
K	A	C	K	W	E	A	S	T	Z	O	O	I	Q	L	Q
Y	Y	I	P	R	O	B	L	E	M	O	K	O	B	Q	G
K	T	A	A	E	F	Y	E	Y	M	P	A	X	U	O	U

NOMUMO
KLINIKA
SCIIĜO
KONDUTO
KONFLIKTO
EGOISMO
EMOCIOJ
SPERTOJ
IDEOJ
SENKONSCIA
INFANAĜO
PENSOJ
PERCEPTO
PERSONECO
PROBLEMO
REALO
SENTO
SUBKONSCIA
TERAPIO
TAKSO

29 - Paesaggi

R	K	N	T	E	F	Y	E	Q	O	R	A	M	N	B	X
M	S	L	G	E	J	S	E	R	O	A	I	C	K	S	U
O	Ĝ	A	L	P	O	G	D	Q	J	G	Z	V	J	R	G
C	P	G	Z	Z	N	J	L	P	V	O	P	O	E	B	T
E	E	O	I	V	U	U	H	A	J	I	B	T	A	R	O
A	N	N	X	B	D	G	B	O	C	M	J	N	J	I	O
N	I	R	D	E	Z	E	R	T	O	E	V	O	A	N	L
O	N	E	H	F	X	U	M	B	R	U	B	M	L	Z	U
L	S	V	K	V	T	N	F	T	D	G	Y	E	Y	C	S
A	U	A	E	R	D	L	B	A	N	M	V	V	R	A	N
F	L	K	J	K	K	G	I	U	U	A	A	U	B	G	I
O	O	Z	N	P	J	U	T	D	T	R	L	L	D	U	O
V	J	H	F	F	M	S	N	X	L	Ĉ	O	K	E	W	Z
K	X	M	G	L	A	C	E	R	O	O	W	A	I	U	U
A	C	N	F	I	Y	Z	D	F	C	J	I	N	R	Z	X
X	K	X	Z	V	R	P	Z	B	V	A	W	O	M	W	Y

AKVOFALO
DEZERTO
DUNOJ
RIVERO
GEJSERO
GLACERO
KAVERNO
GLACEBERGO
INSULO
LAGO
MARO
MONTO
OAZO
OCEANO
MARĈO
PENINSULO
PLAĜO
TUNDRO
VALO
VULKANO

30 - Energia

R	T	S	B	E	C	K	A	R	B	O	N	O	H	P	R
S	Y	J	D	L	M	V	N	I	O	R	A	I	I	O	E
W	H	P	H	E	T	A	C	R	K	O	M	P	D	L	N
U	Q	O	E	K	M	S	J	M	A	T	I	O	R	U	O
A	O	Y	O	T	N	E	V	E	R	O	X	R	O	O	V
F	K	J	F	R	Z	U	V	A	R	M	O	T	G	L	I
U	G	O	N	O	R	T	K	E	L	E	R	N	E	E	G
E	F	N	N	N	I	M	F	L	S	S	O	E	N	Z	E
L	U	O	N	I	B	R	U	T	E	V	P	E	O	E	B
O	L	T	G	O	H	E	T	B	P	A	A	N	Y	D	L
B	G	O	Y	I	I	A	N	S	L	W	V	U	N	C	A
W	S	F	M	E	D	I	O	Z	U	W	C	Z	X	G	W
B	Y	Q	Z	K	X	W	U	L	I	D	P	D	B	C	B
L	Z	I	B	M	E	N	Z	P	N	N	N	U	V	E	J
S	U	J	Q	K	G	F	A	Z	X	H	O	I	O	E	P
A	B	A	T	E	R	I	O	D	A	P	Q	E	T	I	T

MEDIO
BATERIO
BENZINO
VARMO
KARBONO
FUELO
DEZELO
ELEKTRO
ELEKTRONO
ENTROPIO
FOTONO
HIDROGENO
INDUSTRIO
POLUO
MOTORO
NUKLEA
RENOVIGEBLA
TURBINO
VAPORO
VENTO

31 - Ristorante #2

K	Y	Q	Q	E	S	B	G	J	A	Y	O	K	P	N	T
U	E	U	F	C	E	K	S	N	L	F	R	U	K	T	O
L	X	J	T	H	Ĝ	C	P	L	W	A	K	V	O	W	N
E	H	G	G	G	O	S	P	E	C	O	J	W	P	M	T
R	M	X	Q	I	S	H	A	M	A	M	M	Z	U	B	P
O	J	G	O	T	O	Ĝ	N	A	M	R	E	P	S	E	V
K	E	L	N	E	R	O	R	T	B	W	M	Y	F	D	W
S	N	S	B	L	U	J	M	T	O	V	P	H	I	D	J
I	A	F	O	R	K	O	G	T	N	D	C	I	Ŝ	V	I
E	B	L	L	N	A	U	P	R	A	D	V	Q	O	W	P
V	U	I	A	C	H	P	W	A	J	O	M	O	G	E	L
S	F	Q	S	T	G	O	Z	W	Z	O	A	F	E	B	E
H	T	Q	M	P	O	A	W	W	B	A	V	P	X	Z	N
B	F	H	J	T	A	G	M	A	N	Ĝ	O	O	L	E	V
G	L	A	C	I	O	M	G	B	L	B	P	L	G	N	P
K	U	K	O	Ĵ	A	K	N	I	R	T	Z	E	U	D	O

AKVO
TRINKAĴO
KELNERO
VESPERMANĜO
KULERO
BONAJ
FORKO
FRUKTO
GLACIO
SALATO
SUPO
FIŜO
TAGMANĜO
SALO
SEĜO
SPECOJ
KUKO
OVOJ
LEGOMOJ

32 - Moda

P	R	A	K	T	I	K	A	T	E	K	S	T	U	R	O
X	J	T	T	M	I	N	I	M	A	L	I	S	T	A	A
R	C	Z	D	S	S	V	G	C	V	L	J	Z	O	T	D
N	V	H	N	E	O	Y	T	B	F	I	A	E	U	A	T
N	O	Z	H	R	K	K	K	R	D	C	P	F	A	G	O
T	N	G	R	Z	X	O	J	O	N	O	T	U	B	K	O
K	E	X	I	D	G	G	D	M	F	L	R	B	O	O	E
A	N	R	E	D	O	M	L	A	I	I	H	S	R	M	L
T	E	N	D	E	N	C	O	D	S	T	T	K	I	F	E
S	D	S	Q	U	Z	K	T	O	I	S	N	E	G	O	G
E	W	Y	E	Q	B	E	S	C	M	H	R	M	I	R	A
D	Z	N	S	I	L	V	E	Z	P	A	C	O	N	T	N
O	P	W	D	T	G	D	V	S	L	Y	I	T	A	A	T
M	M	E	Z	U	R	A	D	O	A	H	U	N	L	J	A
M	B	L	G	O	S	B	J	D	U	H	M	U	A	G	Y
F	E	Y	A	B	B	I	R	D	H	I	I	P	K	U	D

VESTO
BOUTIQUE
KOSTA
KOMFORTA
ELEGANTA
MINIMALISTA
MEZURADO
SKEMO
MODERNA
MODESTA

ORIGINALA
PUNTO
PRAKTIKA
BUTONOJ
BROMADO
SIMPLA
STILO
TENDENCO
TIFO
TEKSTURO

33 - L'Azienda

R	U	X	S	A	L	A	J	R	O	J	O	K	S	I	R
P	E	E	N	S	P	E	Z	O	D	I	C	E	D	K	R
H	H	P	R	O	B	D	Q	G	E	B	L	E	C	O	L
C	U	M	U	Q	M	K	D	N	S	L	J	X	B	I	C
T	U	T	M	T	J	U	K	U	S	P	K	S	V	W	S
E	K	E	A	Y	A	Q	H	D	E	Q	C	F	Y	V	K
N	U	R	G	G	R	C	P	R	O	F	E	S	I	A	V
D	N	D	E	B	N	O	I	R	T	S	U	D	N	I	A
E	U	S	N	A	G	I	V	O	N	N	P	U	D	H	L
N	O	C	W	D	Y	Y	G	N	S	S	Z	R	N	V	I
C	J	G	B	N	F	K	J	I	A	E	H	E	O	H	T
O	S	F	N	O	H	B	A	X	P	I	R	H	G	K	O
J	O	D	E	M	I	R	S	X	O	K	P	G	C	V	U
V	D	N	G	T	P	R	O	D	U	K	T	O	O	A	B
G	Z	E	F	U	I	N	V	E	S	T	O	F	V	R	F
U	E	N	O	T	N	E	Z	E	R	P	F	H	P	S	P

KREA
DECIDO
TUTMONDA
INDUSTRIO
NOVIGA
INVESTO
DUNGO
EBLECO
PREZENTO
PRODUKTO
PROFESIA
PROGRESO
KVALITO
ENSPEZO
REPUTACIO
RISKOJ
RIMEDOJ
SALAJROJ
TENDENCOJ
UNUOJ

34 - Giardino

Ŝ	Y	M	L	C	S	T	N	C	C	P	A	D	X	Q	T
O	T	E	G	A	L	E	K	Z	S	C	Q	P	A	I	R
V	R	H	D	T	Q	R	Z	Y	M	J	H	Y	M	T	A
E	W	O	E	U	F	A	G	A	Z	O	N	O	I	S	M
L	I	D	L	R	P	S	K	A	R	B	U	S	T	O	P
I	X	N	N	F	B	O	L	Z	V	R	W	X	S	N	O
L	L	A	M	R	S	O	L	N	F	E	H	D	A	E	L
O	R	R	J	N	G	K	R	H	X	H	U	H	R	D	I
N	V	E	Y	U	M	N	H	O	S	O	M	A	N	R	N
G	I	V	V	T	O	E	U	N	E	V	T	M	I	A	O
G	A	R	A	Ĝ	O	B	M	Q	I	O	T	A	J	Ĝ	T
T	R	U	L	O	K	K	E	H	Y	F	K	K	M	E	M
A	R	B	O	A	A	M	V	A	I	K	R	O	V	R	J
W	V	N	I	P	N	D	X	C	K	T	U	N	D	U	T
X	E	P	K	H	V	Y	V	V	L	Q	M	X	T	Z	W
K	F	T	X	Y	G	N	C	G	P	B	A	R	I	L	O

ARBO
HAMAKO
ARBUSTO
HERBO
HERBOJ
FLORO
GARAĜO
ĜARDENO
ŜOVELILO
BENKO
VERANDO
GAZONO
RASTI
BARILO
LAGETO
TRULO
TERASO
TRAMPOLINO
HOSO

35 - Riscaldamento Globale

R	E	G	I	S	T	A	R	O	I	H	L	I	F	W	T
I	N	T	E	R	N	A	C	I	A	A	E	N	A	T	L
G	G	A	Z	O	J	I	L	B	J	B	Ĝ	D	A	C	Z
A	E	E	Q	G	T	D	H	U	N	I	O	U	T	S	T
R	T	N	W	Y	P	E	N	W	M	T	K	S	F	C	E
Q	G	E	E	O	X	M	A	G	K	A	R	T	C	A	M
B	J	J	N	R	N	Q	U	P	S	T	I	R	Z	G	P
D	R	B	O	T	A	M	I	L	K	O	Z	I	H	M	E
K	A	X	M	I	U	C	I	R	O	J	O	O	F	E	R
V	O	T	A	N	U	N	I	F	J	N	W	Q	A	P	A
U	F	P	U	V	V	W	R	O	U	L	O	V	E	A	T
P	V	Z	K	M	J	V	E	C	J	A	R	K	T	O	U
A	P	J	W	B	O	T	S	I	C	N	E	I	C	S	R
L	O	Ĝ	A	N	T	A	R	O	J	S	E	O	D	K	O
Q	E	S	T	O	N	T	E	C	O	H	T	U	H	G	J
E	N	E	R	G	I	O	R	V	M	X	R	G	O	V	L

MEDIA
ARKTO
ATENTU
KLIMATO
KRIZO
DATUMO
ENERGIO
ESTONTECO
GAZO
GENERACIOJ
REGISTARO
HABITATOJ
INDUSTRIO
INTERNACIA
LEĜO
NUN
LOĜANTAROJ
SCIENCISTO
EVOLUO
TEMPERATUROJ

36 - Frutta

L	Z	C	I	K	L	K	B	P	A	Y	Z	J	I	P	N
Q	T	T	N	I	B	Y	A	R	T	L	W	T	R	Z	E
T	J	H	T	D	M	I	N	U	U	G	F	U	X	M	K
R	U	S	O	S	W	M	A	N	P	C	W	I	F	W	T
A	V	O	K	A	D	O	N	O	O	R	I	P	A	B	A
G	M	Z	R	X	V	J	O	K	M	Ĝ	N	E	T	Q	R
X	E	I	I	E	L	A	K	I	O	G	N	A	M	O	I
A	L	R	A	J	B	P	I	S	N	J	V	A	Z	M	N
N	O	E	T	B	A	A	V	R	O	V	O	F	R	G	O
A	N	Ĉ	R	S	R	P	O	E	R	A	W	G	U	O	Q
N	O	R	E	B	N	I	V	P	T	F	R	A	M	B	O
A	W	Y	H	T	Z	V	K	C	I	V	I	Y	N	S	S
S	O	E	V	E	M	C	R	O	C	J	K	F	Z	S	V
O	Q	U	R	O	O	U	P	X	T	E	S	M	U	B	A
J	C	W	T	X	P	X	U	C	J	O	Z	J	M	Y	R
Y	D	K	U	P	V	X	S	H	P	Y	I	H	K	J	B

ABRIKOTO
ANANASO
ORANĜO
AVOKADO
BERO
BANANO
ĈERIZO
KIVO
FRAMBO
CITRONO

MANGO
POMO
MELONO
RUSO
NEKTARINO
PAPAJO
PIRO
PERSIKO
PRUNO
VINBERO

37 - Fattoria #2

F	W	A	O	Q	D	Q	D	U	F	H	P	A	L	A	D
R	U	M	W	Z	H	C	D	E	O	E	A	O	G	N	D
U	B	S	O	M	A	L	L	E	G	O	M	O	W	S	N
K	F	S	J	I	W	N	Q	M	E	I	X	M	X	E	J
T	L	H	E	M	K	L	Q	J	M	M	W	Q	B	R	B
O	O	Ĝ	N	A	M	K	W	T	O	Q	M	L	H	O	Y
C	K	R	E	T	Ŝ	A	F	O	Y	C	A	M	T	J	Q
D	I	O	R	U	L	T	J	B	M	G	I	D	M	B	P
B	T	R	G	R	Z	V	R	Y	T	P	Z	S	D	E	E
C	I	U	I	A	A	N	Y	I	E	R	O	P	W	S	O
V	R	T	Y	G	H	V	X	F	T	Z	A	H	R	T	Q
L	T	L	O	D	A	P	G	S	C	H	G	C	U	O	D
X	A	U	E	X	O	D	I	F	A	Ŝ	E	H	T	J	Q
K	B	K	Q	O	V	R	O	E	D	R	O	H	U	O	V
J	B	F	T	H	E	R	B	E	J	O	W	L	D	T	R
B	C	U	Y	O	S	A	N	A	Y	M	G	E	Y	U	Y

ŜAFIDO
KULTURO
ANASO
BESTOJ
MANĜO
GRENEJO
FRUKTO
TRITIKO
IRIGADO
LAMO
LAKTO
MAIZO
MATURA
ANSEROJ
HORDEO
ŜAFO
HERBEJO
TRACTOR
LEGOMO

38 - Verdure

M	S	K	M	S	S	I	U	Z	X	R	O	N	A	T	D
P	P	H	U	E	N	X	N	H	L	A	U	R	R	E	J
O	W	D	A	K	L	U	X	M	O	F	B	Z	T	R	T
P	C	Y	Z	L	U	A	E	D	L	A	R	S	I	P	S
K	K	S	Z	P	L	R	N	P	O	N	W	X	Ŝ	O	R
S	C	T	V	F	Q	O	B	Z	K	O	M	M	O	M	R
D	O	C	W	K	K	P	T	O	O	E	S	I	K	O	G
F	U	N	G	O	L	E	S	O	R	T	E	P	O	H	T
R	X	I	W	T	N	C	Z	M	B	Z	J	D	B	M	Q
Q	A	J	Q	A	M	S	I	W	D	B	X	A	J	L	O
T	U	M	I	L	Q	L	N	C	E	L	E	R	I	O	T
S	P	I	N	A	C	O	G	F	X	R	O	K	D	M	O
E	U	Q	C	S	E	J	I	L	W	T	P	X	C	U	R
W	A	F	E	O	M	S	B	M	D	P	B	S	R	K	A
V	P	I	Z	O	P	A	R	M	V	W	J	O	I	U	K
Y	L	Z	I	Q	E	R	O	T	A	M	O	T	U	K	B

AJLO
BROKOLO
ARTIŜOKO
KAROTO
KUKUMO
CEPO
FUNGO
SALATO
MELANZO
TERPOMO

PIZO
TOMATO
PETROSELO
RAPO
RAFANO
SHALLOT
CELERIO
SPINACO
ZINGIBRO
KUKURBO

39 - Musica

Q	M	L	Z	U	Ĥ	G	Q	M	T	R	R	W	I	P	I
K	C	N	R	X	G	O	K	I	R	I	L	F	W	G	I
X	L	J	F	L	L	T	R	T	M	R	D	H	P	C	X
U	Z	A	D	J	S	S	J	O	M	T	I	R	X	G	K
R	O	T	S	I	K	I	Z	U	M	B	N	C	K	H	H
W	K	G	Y	I	K	T	B	M	U	Z	I	K	A	A	J
W	I	X	O	I	K	N	V	O	Ĉ	O	N	Z	I	R	A
K	N	Q	M	P	O	A	A	Y	U	Y	G	R	Z	M	V
X	O	U	U	I	H	K	R	I	T	M	A	M	E	O	Z
K	M	H	B	O	K	D	A	P	J	S	Y	F	O	N	R
N	R	R	L	Y	O	R	T	S	I	G	E	R	P	I	C
E	A	W	A	J	Z	G	O	D	A	L	A	B	R	O	V
S	H	M	X	I	V	R	J	F	K	L	Y	K	V	R	H
O	A	U	Q	M	M	X	U	R	O	I	D	O	L	E	M
U	K	M	Z	E	Q	Y	X	U	T	N	A	K	A	P	B
I	N	S	T	R	U	M	E	N	T	O	O	O	Y	O	T

ALBUMO
HARMONIO
HARMONIKO
BALADO
KANTISTO
KANTU
KLASIKA
ĤORO
LIRIKO
MELODIO
MIKROFONO
MUZIKA
MUZIKISTO
OPERO
POEZIA
REGISTRO
RITMA
RITMO
INSTRUMENTO
VOĈO

40 - Barbecue

C	C	M	B	L	P	I	O	K	U	U	J	G	A	A	A
E	V	D	J	O	Ĝ	N	A	M	R	E	P	S	E	V	J
P	F	S	P	Z	N	V	T	R	A	N	Ĉ	I	L	O	J
O	S	J	A	X	I	I	E	Y	S	K	U	W	O	R	H
J	A	X	G	L	H	T	U	L	U	U	G	J	T	E	U
E	L	O	M	L	A	O	T	A	S	L	A	M	Q	M	N
M	O	C	Ŭ	A	S	D	T	A	G	M	A	N	Ĝ	O	B
J	A	J	Y	Z	W	Y	O	I	L	I	M	A	F	S	X
J	U	N	U	D	N	Q	K	J	P	U	V	V	D	D	W
T	Y	I	Ĝ	I	Y	O	I	O	C	I	L	H	Z	C	S
B	O	L	U	O	B	W	Z	D	K	S	W	F	I	A	A
P	N	M	V	T	H	H	U	U	K	O	K	I	D	O	I
I	C	O	A	L	D	X	M	L	U	U	Q	J	S	Z	E
P	G	P	V	T	L	F	N	V	L	C	T	L	M	U	B
R	I	I	F	T	O	G	R	I	L	O	V	A	R	M	A
O	I	O	H	S	F	J	W	T	D	F	R	U	K	T	O

VARMA
VESPERMANĜO
MANĜO
CEPOJ
TRANĈILOJ
SOMERO
MALSATO
FAMILIO
FRUKTO
LUDOJ

GRILO
SALADOJ
INVITO
MUZIKO
PIPRO
KOKIDO
TOMATOJ
TAGMANĜO
SALO
SAŬCO

41 - Fisica

R	A	P	I	D	E	C	O	A	K	C	E	L	O	E	B
M	O	T	O	R	O	Y	S	F	G	H	V	F	Z	X	Z
M	C	T	C	H	X	Z	Q	R	K	V	X	C	A	P	E
J	E	T	Y	M	V	N	N	E	M	A	A	L	G	A	L
J	V	K	N	P	O	L	U	K	E	L	O	M	J	N	E
S	I	Q	A	G	L	H	P	V	K	K	M	S	E	S	K
Q	T	X	L	N	C	C	S	E	E	W	A	P	O	O	T
G	A	Z	A	T	I	R	K	N	M	X	G	O	S	C	R
V	L	P	S	F	P	K	D	C	I	E	N	H	N	F	O
K	E	M	R	R	O	B	O	O	K	I	E	X	E	T	N
D	R	N	E	C	E	R	N	I	O	A	T	E	D	Y	O
G	R	A	V	I	T	O	M	O	T	A	I	P	D	X	N
H	M	X	I	J	L	M	S	U	J	K	S	C	E	H	U
M	H	H	N	B	W	H	B	P	L	M	M	B	E	X	J
V	C	Q	U	S	Q	Q	D	R	S	O	O	L	P	Q	I
N	U	K	L	E	A	G	I	P	A	R	T	I	K	L	O

AKCELO
ATOMO
KAOSO
KEMIKO
DENSO
ELEKTRONO
EXPANSO
FORMULO
FREKVENCO
GAZO
GRAVITO
MAGNETISMO
MEKANIKO
MOLEKULO
MOTORO
NUKLEA
PARTIKLO
RELATIVECO
UNIVERSALA
RAPIDECO

42 - Agronomia

N	E	S	E	F	F	T	Q	C	P	J	O	M	E	S	O
A	G	R	I	K	U	L	T	U	R	O	L	U	R	T	C
P	E	R	O	Z	I	O	G	I	T	N	E	D	I	E	P
E	O	O	T	D	F	K	O	R	C	A	F	R	E	R	R
O	I	L	I	E	A	S	T	T	F	S	O	H	K	K	O
G	T	B	U	H	U	R	M	I	M	L	I	J	O	O	D
Q	Z	C	H	O	O	Y	O	Ĝ	N	A	M	J	L	K	U
S	I	S	T	E	M	O	J	L	H	M	S	O	O	S	K
K	A	M	P	A	R	A	J	U	P	T	C	R	G	E	T
D	T	H	W	P	M	E	D	I	O	S	I	G	I	R	A
E	N	E	R	G	I	O	T	N	H	Q	E	A	O	K	D
Y	S	N	M	F	T	J	A	C	I	P	N	N	V	K	O
I	K	R	R	Y	O	W	Z	K	P	C	C	I	A	X	B
O	Q	Y	X	H	N	H	P	I	V	L	O	K	C	R	Z
C	V	D	C	G	W	C	K	C	K	O	N	A	R	S	H
D	A	U	L	S	M	S	C	I	L	D	N	C	N	M	Q

AKVO
AGRIKULTURO
MEDIO
MANĜO
KRESKO
EKOLOGIO
ENERGIO
EROZIO
STERKO
IDENTIGO
POLUO
MALSANOJ
ORGANIKA
PRODUKTADO
ESPLORADO
KAMPARA
SCIENCO
SEMOJ
SISTEMOJ
TRULO

43 - Erboristeria

U	Q	F	A	F	C	W	E	R	A	V	V	D	Ĝ	T	M
G	X	D	E	C	P	N	Q	S	D	J	O	T	A	A	A
A	S	M	L	N	U	T	V	T	R	N	L	J	R	R	R
H	V	L	C	B	K	Y	L	I	E	D	I	O	D	R	Ĝ
D	U	Z	Z	A	L	O	B	H	V	O	Z	T	E	A	O
Y	N	P	O	R	X	N	L	C	E	C	A	N	N	G	R
Z	M	S	J	O	D	A	I	O	O	N	B	E	O	O	O
V	Z	T	V	M	L	G	N	R	T	E	E	M	A	N	M
P	P	D	W	A	V	I	P	E	N	I	D	A	S	C	O
Y	Z	X	P	J	V	R	H	M	A	D	L	R	R	A	D
G	F	W	H	F	L	O	R	O	L	E	H	A	A	U	N
T	I	M	I	A	N	O	C	R	P	R	A	N	V	V	E
P	E	T	R	O	S	E	L	O	P	G	O	I	P	K	V
I	N	F	Z	O	B	C	N	G	G	N	X	L	T	V	A
S	A	F	R	A	N	O	H	S	J	I	J	U	Q	W	L
L	I	Q	Z	C	V	B	F	W	S	V	M	K	Z	U	G

AJLO
AROMAJ
BAZILO
KULINARA
TARRAGON
FENKOLO
FLORO
ĜARDENO
INGREDIENCO
LAVENDO
MARĜOROMO
MENTO
ORIGANO
PLANTO
PETROSELO
KVALITO
ROMERO
TIMIANO
VERDA
SAFRANO

44 - Danza

E	G	B	K	D	T	D	Q	J	M	O	V	A	D	O	K
V	I	D	A	L	P	M	O	Y	C	R	F	J	G	N	U
O	T	R	A	T	E	X	Z	B	I	E	M	O	T	E	L
P	E	R	Y	Y	Q	S	S	J	I	N	A	Ĝ	E	T	T
R	K	M	A	K	I	S	A	L	K	T	N	E	V	N	U
O	O	A	O	D	G	Z	L	V	M	R	G	Y	T	I	R
K	R	K	K	C	I	L	X	Y	I	A	I	Z	R	S	A
O	E	A	I	P	I	C	C	H	R	P	J	T	N	Q	M
M	G	D	Z	V	U	O	I	G	R	A	C	E	M	O	I
H	R	E	U	T	M	R	U	A	T	P	A	U	Q	O	R
N	A	M	M	F	S	U	N	T	E	N	M	K	Q	V	P
X	F	I	W	E	E	T	J	Z	U	H	G	X	G	O	S
D	I	O	M	B	V	L	H	Z	L	C	Z	N	T	R	E
U	O	J	Q	A	J	U	R	U	N	Q	F	D	V	P	F
D	L	Y	W	L	S	K	B	D	F	O	Q	I	W	V	C
U	G	V	O	G	B	F	G	E	J	C	Y	M	D	X	I

AKADEMIO
ARTO
KLASIKA
PARTNERO
KOREGRAFIO
KORPO
KULTURO
KULTURA
EMOCIO
ESPRIMA
ĜOJA
GRACE
MOVADO
MUZIKO
SINTENO
PROVO
RITMO
TRADICIA
VIDA

45 - Biologia

M	A	M	U	L	O	I	T	A	T	U	M	E	N	I	S
Y	I	Y	D	U	V	Z	T	L	B	G	P	M	E	O	I
F	P	M	L	M	R	X	H	T	R	S	M	B	U	I	M
U	O	A	U	P	E	H	O	Y	Y	Y	L	R	R	W	B
L	J	T	F	U	N	G	R	F	I	N	D	I	O	D	I
B	Z	T	O	R	K	M	M	T	Q	A	D	O	N	M	O
O	O	M	O	S	O	M	O	R	K	P	M	N	O	C	Z
E	S	K	S	X	I	A	N	R	T	S	R	A	Z	F	O
Y	N	M	V	A	Z	N	O	A	T	E	B	T	E	B	I
T	O	Z	O	N	I	E	T	O	R	P	E	U	R	B	M
S	G	A	I	Z	Y	Q	Q	E	R	X	V	R	J	R	O
V	G	F	Z	M	O	S	D	E	Z	R	O	A	G	P	T
Z	X	P	T	S	O	K	D	D	Z	O	L	E	Ĉ	L	A
D	V	Z	R	E	P	T	I	L	I	O	U	N	A	V	N
B	A	K	T	E	R	I	O	J	A	F	O	I	J	O	A
S	D	S	C	O	L	L	A	G	E	N	X	T	M	O	A

ANATOMIO
BAKTERIOJ
ĈELO
COLLAGEN
KROMOSOMO
EMBRIO
ENZIMO
EVOLUO
FOTOSINTEZO
MAMULO
MUTATIO
NATURA
NERVO
NEURONO
HORMONO
OSMOZO
PROTEINO
REPTILIO
SIMBIOZO
SYNAPSE

46 - Attività Commerciale

K	W	R	R	F	O	T	I	N	W	V	R	L	B	W	K
T	O	C	O	X	J	Y	R	N	B	X	C	K	E	M	O
S	C	F	R	P	O	T	A	B	A	R	Y	B	J	O	S
I	N	V	E	S	T	O	R	A	V	C	U	C	Q	G	T
E	A	Y	I	L	S	N	N	D	U	N	G	I	T	O	O
N	N	Y	R	P	O	I	O	O	I	M	O	N	O	K	E
S	I	I	A	H	P	Z	M	L	M	B	U	T	I	K	O
P	F	E	K	T	M	U	P	R	O	F	I	T	O	M	T
E	Y	O	K	K	I	V	E	N	D	O	N	T	E	M	E
Z	N	H	U	F	B	A	U	W	N	J	F	H	O	V	Ĝ
O	T	U	L	A	V	D	U	N	G	A	N	T	O	A	U
A	H	M	V	P	T	C	Z	Z	R	M	V	A	M	R	B
M	C	Y	N	A	F	D	K	C	N	H	C	S	X	T	T
R	G	O	I	S	O	C	L	V	J	T	E	J	K	Y	I
I	P	A	W	R	T	P	E	Z	B	H	W	F	T	N	N
F	U	D	S	G	Z	V	A	O	O	F	I	C	E	J	O

BUĜETO
KARIERO
KOSTO
DUNGANTO
DUNGITO
EKONOMIO
UZINO
FINANCO
INVESTO
VARO

BUTIKO
PROFITO
ENSPEZO
RABATO
FIRMAO
MONO
IMPOSTOJ
OFICEJO
VALUTO
VENDO

47 - Filantropia

K	M	F	E	H	O	M	A	R	O	D	H	N	O	H	D
K	O	I	I	K	H	I	Y	Q	A	N	M	J	E	O	E
O	U	W	S	Q	A	F	J	R	B	B	M	M	J	M	V
R	E	Y	P	I	H	V	D	A	Q	L	L	J	T	O	A
R	C	S	R	J	O	M	U	N	U	M	O	K	U	J	S
K	Q	W	O	T	D	I	B	O	V	G	P	C	T	O	D
O	Z	H	G	N	A	J	R	G	P	O	G	S	M	N	T
E	V	K	R	R	R	C	G	O	B	U	J	B	O	A	H
Q	U	Z	A	H	A	G	F	D	T	S	E	N	N	F	F
N	F	Z	M	T	F	R	U	E	I	S	O	I	D	N	X
Y	W	A	O	H	N	U	N	Q	B	B	I	K	A	I	C
K	J	Y	J	E	O	P	D	B	L	M	H	H	M	F	S
N	Y	T	D	V	B	O	O	B	L	C	E	L	O	J	U
J	U	N	U	L	O	J	J	O	T	K	A	T	N	O	K
M	A	L	A	V	A	R	E	C	O	C	N	A	N	I	F
H	O	N	E	S	T	E	C	O	P	U	B	L	I	K	O

INFANOJ
DEVAS
BONFARADO
KOMUNUMO
KONTAKTOJ
FINANCO
FUNDOJ
MALAVARECO
JUNULO
TUTMONDA
GRUPOJ
MISIO
CELOJ
HONESTECO
HOMOJ
PROGRAMOJ
PUBLIKO
HISTORIO
HOMARO

48 - Ecologia

V	V	O	L	O	N	T	U	L	O	J	O	X	D	S	D
K	E	U	K	X	P	M	K	M	O	I	C	E	P	S	A
H	P	G	D	X	F	K	X	C	Y	B	E	A	X	E	Ŭ
Q	L	O	E	A	A	A	R	O	L	F	S	X	L	K	R
M	A	F	N	T	I	R	Ŭ	H	M	A	R	Ĉ	O	E	I
R	N	G	E	Q	A	D	I	N	A	Y	E	U	I	C	G
H	T	J	J	L	G	Ĵ	Y	Z	O	B	V	I	T	O	E
A	O	T	O	O	E	I	A	R	X	Y	I	O	T	G	B
D	J	A	M	F	U	U	K	R	I	R	D	T	Y	W	L
N	A	T	U	R	A	N	G	L	O	I	K	A	A	J	A
O	T	Q	N	N	A	T	U	R	O	M	N	M	X	T	A
M	M	L	U	N	T	K	R	N	M	E	M	I	K	W	O
T	N	Q	M	H	O	Y	G	T	D	D	A	L	Q	S	B
U	U	B	O	S	V	A	R	I	O	O	R	K	F	T	J
T	A	P	K	V	E	Z	P	H	M	J	A	R	D	W	R
W	K	S	U	P	E	R	V	I	V	O	L	K	W	P	N

KLIMATO
KOMUNUMOJ
DIVERSECO
FAŬNO
FLORA
TUTMONDA
HABITATO
MARA
NATURO
NATURA
MARĈO
PLANTOJ
RIMEDOJ
SEKECO
SUPERVIVO
DAŬRIGEBLA
SPECIO
VARIO
VEGETAĴARO
VOLONTULOJ

49 - Discipline Scientifiche

I	R	V	G	I	W	A	G	E	O	L	O	G	I	O	A
C	G	X	J	O	U	W	N	V	D	O	I	M	E	K	S
O	V	U	Z	I	B	K	T	A	O	I	O	R	R	O	T
I	B	K	X	G	H	Q	E	Y	T	G	K	L	P	Z	R
N	E	U	R	O	L	O	G	I	O	O	I	O	N	M	O
A	D	S	O	L	J	F	A	O	O	L	M	K	W	E	N
J	I	O	B	O	T	A	N	I	K	O	A	I	G	T	O
E	R	I	F	I	N	K	Q	G	I	K	N	T	O	E	M
B	K	G	N	C	W	X	A	O	N	I	I	S	I	O	I
I	S	O	U	O	Q	E	E	L	A	S	D	I	M	L	O
O	Z	L	L	S	A	F	V	O	K	P	O	V	E	O	K
L	J	O	Z	O	R	H	U	E	E	U	M	G	K	G	K
O	Z	I	P	S	G	M	J	K	M	Z	R	N	O	I	Q
G	T	Z	F	O	J	I	Y	R	C	P	E	I	I	O	S
I	B	I	Z	L	P	U	O	A	J	T	T	L	B	S	F
O	R	F	M	I	N	E	R	A	L	O	G	I	O	Z	M

ANATOMIO
ARKEOLOGIO
ASTRONOMIO
BIOKEMIO
BIOLOGIO
BOTANIKO
KEMIO
EKOLOGIO
FIZIOLOGIO
GEOLOGIO
LINGVISTIKO
MEKANIKO
METEOLOGIO
MINERALOGIO
NEUROLOGIO
PSIKOLOGIO
SOCIOLOGIO
TERMODINAMIKO

50 - Scienza

W	H	W	O	G	D	T	M	N	M	D	N	W	B	O	C
B	O	K	I	M	E	K	I	D	T	N	W	T	Q	Y	T
O	M	O	T	S	I	C	N	E	I	C	S	D	T	F	V
F	S	F	A	K	T	O	E	X	F	N	K	W	F	G	H
E	I	K	O	P	O	I	R	O	T	A	R	O	B	A	L
K	N	Z	T	T	O	M	A	Z	S	T	Z	T	J	N	A
S	A	F	I	C	E	E	L	E	E	K	Q	F	W	W	X
P	G	A	V	K	O	T	O	T	V	C	J	I	P	H	A
E	R	X	A	H	O	O	J	O	B	O	M	U	T	A	D
R	O	F	R	Y	T	D	O	P	R	R	L	E	C	L	D
I	V	X	G	I	A	O	Q	I	Z	U	K	U	R	T	Q
M	R	W	L	N	M	C	T	H	D	T	P	B	O	O	Q
E	E	K	N	H	I	Z	P	J	W	A	T	L	R	O	J
N	S	A	N	W	L	S	H	N	E	N	A	T	O	M	O
T	B	K	Z	X	K	M	O	L	E	K	U	L	O	J	C
O	O	L	I	S	O	F	C	V	J	V	W	J	B	Z	M

ATOMO
KEMIKO
KLIMATO
DATUMO
EKSPERIMENTO
EVOLUO
FAKTO
FIZIKO
FOSILO
GRAVITO
HIPOTEZO
LABORATORIO
METODO
MINERALOJ
MOLEKULOJ
NATURO
ORGANISMO
OBSERVO
EROJ
SCIENCISTO

51 - Imbarcazioni

T	O	G	A	L	R	K	P	E	S	H	J	X	V	Q	M
W	N	M	W	O	M	J	E	Y	I	V	R	Y	S	H	E
P	D	P	M	U	S	Z	A	H	X	H	O	R	U	N	Ŝ
N	O	P	I	Ŝ	L	E	V	Ĉ	Q	Q	U	P	N	K	P
A	J	Y	A	X	G	D	F	I	T	M	B	O	I	V	R
Ŭ	C	K	A	J	A	K	O	J	H	O	U	N	A	K	P
T	P	P	D	B	Q	O	I	E	T	A	N	K	R	O	S
I	M	R	V	L	K	C	M	L	O	R	E	V	I	R	W
K	O	T	V	O	E	E	V	I	L	C	R	D	O	A	K
A	I	O	C	W	R	A	O	A	R	O	A	E	U	M	L
P	T	R	G	W	U	N	E	V	W	P	M	A	S	T	O
T	H	D	Y	U	T	O	R	O	T	O	M	E	P	U	S
Q	N	Q	R	Y	Q	Y	H	R	M	A	R	I	S	T	O
A	Y	P	B	M	J	G	R	T	H	F	C	E	K	V	L
N	Q	N	W	D	F	D	K	U	X	E	T	L	I	V	F
R	B	T	W	V	O	N	N	D	H	E	Y	A	D	K	V

MASTO
ANKRO
VELŜIPO
BUO
KANUO
ŜNURO
SKIPO
RIVERO
KAJAKO
LAGO
MARO
MARISTO
MARE
MOTORO
NAŬTIKA
OCEANO
ONDOJ
PRIMO
JAĈTO
FLOSO

52 - Chimica

Y	Y	M	X	G	N	U	H	E	R	X	D	K	O	G	H
C	L	Y	O	A	L	K	A	L	A	I	G	M	R	A	G
P	C	A	E	L	K	U	N	G	M	D	G	K	G	Z	E
F	X	W	N	T	E	M	J	C	O	F	O	X	A	O	O
H	D	S	Z	A	V	K	I	L	T	S	C	E	N	R	Q
D	B	O	I	Z	S	U	U	T	A	A	O	E	I	U	X
W	P	L	M	D	V	L	E	L	R	L	K	Q	K	T	O
V	E	I	O	O	D	F	B	Y	O	O	S	F	A	A	P
S	Z	Z	D	A	H	X	K	W	K	N	I	N	K	R	G
A	O	I	W	C	J	I	B	S	L	E	G	K	C	E	R
I	T	L	Y	K	D	N	F	E	O	G	E	A	U	P	X
G	C	A	C	I	D	O	M	V	R	O	N	R	E	M	Q
K	K	T	U	A	X	J	U	H	O	R	O	B	P	E	J
R	K	A	A	G	I	P	O	H	J	D	M	O	U	T	J
Z	O	K	V	A	R	M	O	N	L	I	J	N	N	X	J
E	L	E	K	T	R	O	N	O	O	H	M	O	U	M	P

ACIDO
ALKALA
ATOMA
VARMO
KARBONO
KATALIZILO
KLORO
ELEKTRONO
ENZIMO
GAZO
HIDROGENO
JONO
LIKVA
MOLEKULO
NUKLEA
ORGANIKA
OKSIGENO
PEZO
SALO
TEMPERATURO

53 - Api

G	T	U	A	K	L	D	Q	L	A	B	V	V	Y	M	V
D	M	H	Q	B	P	C	E	A	M	B	M	E	L	I	I
K	J	U	H	A	B	I	T	A	T	O	E	E	N	E	Y
T	K	F	P	R	D	R	P	L	L	U	J	L	W	L	E
B	B	U	T	I	L	A	T	L	C	U	U	J	U	O	N
Ĝ	A	R	D	E	N	O	Ĝ	N	A	M	M	K	Q	J	F
D	H	A	E	Y	T	T	F	D	W	N	H	A	T	O	O
I	O	Y	E	R	D	K	L	I	P	F	T	L	Y	R	R
V	R	A	Y	D	Q	E	U	O	Q	H	H	O	P	O	O
E	L	Q	F	A	L	S	G	D	C	S	F	N	J	L	L
R	A	P	I	E	G	N	I	R	V	A	Y	I	A	F	F
S	D	S	X	U	T	I	L	T	H	F	T	Ĝ	X	W	H
E	D	I	A	U	M	N	O	D	E	U	X	E	Q	X	Y
C	A	V	A	K	S	O	J	P	N	M	D	R	Z	C	Y
O	N	U	S	F	R	U	K	T	O	O	N	E	L	O	P
S	V	A	R	M	O	E	K	O	S	I	S	T	E	M	A

FLUGILOJ
ABELUJO
UTILA
VAKSO
MANĜO
DIVERSECO
EKOSISTEMA
FLOROJ
FLORO
FRUKTO
FUMO
ĜARDENO
HABITATO
INSEKTO
MIELO
PLANTOJ
POLENO
REĜINO
SVARMO
SUNO

54 - Professioni #2

K	B	B	B	L	Y	D	E	N	T	I	S	T	O	O	X
U	K	I	F	D	B	A	S	T	R	O	N	A	Ŭ	T	O
R	Q	Ĝ	O	Q	U	C	E	X	E	T	T	I	Q	S	T
A	Z	X	A	L	P	M	V	D	A	S	E	N	X	I	S
C	R	Y	M	R	O	I	J	Q	F	I	F	V	V	L	I
I	Q	W	D	F	D	G	Q	I	F	R	O	E	F	A	R
S	B	S	B	D	O	E	O	N	W	T	T	N	D	N	O
T	K	B	V	G	O	F	N	O	Y	N	I	T	L	R	L
O	R	E	I	N	E	Ĝ	N	I	E	E	S	I	T	U	P
P	R	K	I	R	U	R	G	O	S	P	T	N	O	Ĵ	S
X	I	Z	O	O	L	O	G	O	R	T	O	T	M	S	E
K	Y	L	O	S	M	H	S	K	Y	M	O	O	L	O	H
F	V	Q	O	T	S	I	R	T	S	U	L	I	K	K	B
H	Y	X	U	T	E	N	K	E	T	I	S	T	O	L	R
Y	B	K	K	C	O	T	S	I	U	R	T	S	N	I	Y
L	I	N	G	V	I	S	T	O	F	O	Z	O	L	I	F

ASTRONAŬTO
BIOLOGO
KIRURGO
DENTISTO
FILOZOFO
FOTISTO
ĜARDENISTO
ĴURNALISTO
ILUSTRISTO
INĜENIERO
INSTRUISTO
INVENTINTO
ENKETISTO
LINGVISTO
KURACISTO
PILOTO
PENTRISTO
ESPLORISTO
ZOOLOGO

55 - Letteratura

K	O	N	K	L	U	D	O	W	G	E	R	V	E	W	W
R	O	M	A	N	O	W	G	R	K	K	H	I	R	U	K
O	R	X	T	V	O	R	O	F	A	T	E	M	T	X	U
P	O	N	Y	F	J	A	L	X	N	V	B	X	P	M	D
I	T	M	H	M	T	V	A	S	N	B	P	A	H	W	O
N	Ŭ	A	D	D	I	F	I	R	B	D	N	H	E	O	B
I	A	Z	D	I	E	N	D	X	V	K	T	N	S	B	L
O	T	R	A	G	E	D	I	O	A	A	E	N	Y	I	I
Z	M	C	A	I	Z	E	O	P	U	J	M	W	F	R	I
L	S	Z	N	C	I	O	L	I	T	S	O	E	A	K	P
L	G	N	E	Z	F	O	Z	T	M	S	H	B	P	S	O
B	D	I	K	R	I	M	O	I	F	A	R	G	O	I	B
C	P	P	D	P	Y	E	F	H	L	C	H	H	Q	R	F
P	T	Y	O	I	G	O	L	A	N	A	W	I	S	P	A
U	N	A	T	T	P	P	G	Q	J	F	N	B	N	C	U
O	P	J	O	R	A	P	M	O	K	G	J	A	L	I	K

ANALIZO
ANALOGIO
ANEKDOTO
AŬTORO
BIOGRAFIO
KONKLUDO
KOMPARO
PRISKRIBO
DIALOGO
VARO
METAFORO
OPINIO
POEMO
POEZIA
RIMO
RITMO
ROMANO
STILO
TEMO
TRAGEDIO

56 - Cibo #2

K	G	J	E	H	H	O	Q	Z	Z	D	F	I	Ŝ	O	C
W	O	G	N	U	F	Ĉ	J	E	N	K	E	O	K	U	B
P	I	K	O	J	J	E	F	L	J	P	G	A	I	L	E
O	R	F	I	O	A	R	H	I	Q	H	F	X	V	D	K
M	E	N	R	D	O	I	T	J	O	L	O	K	O	R	B
O	L	S	Y	O	O	Z	K	C	R	N	T	M	K	W	T
Z	E	J	O	V	M	O	A	G	E	E	A	O	N	G	O
B	C	V	V	W	Y	A	G	T	B	N	M	P	I	E	L
B	A	N	A	N	O	T	Ĝ	U	N	K	O	S	Ŝ	W	E
U	K	Y	L	J	T	R	M	O	I	F	T	G	T	R	J
F	W	O	Z	I	R	I	W	V	V	D	F	G	B	F	I
Y	F	V	H	E	U	T	Ĉ	O	K	O	L	A	D	O	Q
Y	C	O	O	G	G	I	B	Z	N	Q	P	P	O	L	I
X	E	R	K	M	O	K	U	I	I	D	K	O	X	D	Q
U	K	R	J	T	J	O	Z	N	A	L	E	M	M	F	F
N	U	M	B	S	E	Q	D	F	T	Y	J	Y	D	G	X

BANANO
BROKOLO
ĈERIZO
ĈOKOLADO
FROMAĜO
FUNGO
TRITIKO
KIVO
POMO
MELANZO
PANO
FIŜO
KOKIDO
TOMATO
ŜINKO
RIZO
CELERIO
OVO
VINBERO
JOGURTO

57 - Nutrizione

E	K	V	I	L	I	B	R	A	O	S	D	M	K	X	P
S	P	E	C	O	J	K	S	G	S	A	C	A	V	F	F
Y	S	X	Z	T	O	A	N	A	S	Ŭ	S	N	A	E	J
J	Z	S	O	I	N	L	O	A	I	C	O	Ĝ	L	R	G
D	O	P	S	T	I	O	N	A	R	O	L	E	I	M	T
D	M	N	D	E	E	R	I	U	M	I	S	B	T	E	O
U	I	S	Z	P	T	I	M	W	T	A	D	L	O	N	D
F	N	G	L	A	O	O	A	Y	P	R	R	A	T	T	Q
C	F	C	E	A	R	J	T	D	T	E	A	A	S	A	A
G	J	N	I	S	P	Q	I	C	L	R	R	O	U	D	U
J	G	A	E	T	T	T	V	W	D	G	B	B	G	O	D
S	U	Q	S	E	T	O	T	E	I	D	H	U	Q	C	Y
G	L	Y	U	G	W	T	J	O	Ĵ	A	V	K	I	L	B
K	H	C	T	O	K	S	I	N	O	Z	E	P	U	W	Q
K	M	V	T	Q	M	R	C	A	N	H	W	V	O	K	J
G	K	M	C	B	N	P	V	S	G	O	U	F	Q	G	J

AMARA
APETITO
EKVILIBRA
KALORIOJ
MANĜEBLA
DIETO
DIGESTO
FERMENTADO
GUSTO
LIKVAĴOJ
PEZO
PROTEINOJ
KVALITO
SAŬCO
SANO
SANA
SPECOJ
TOKSINO
VITAMINO

58 - Matematica

P	E	K	S	P	O	N	E	N	T	O	S	U	M	O	K
V	A	D	O	C	N	E	R	E	F	N	O	K	R	I	C
O	Q	R	I	V	D	T	Z	R	F	N	L	R	P	X	X
L	J	K	A	V	U	V	Z	T	R	F	U	A	J	O	X
U	O	W	G	L	I	O	R	B	A	B	G	O	C	T	H
M	L	N	F	E	E	D	T	Z	K	E	N	R	U	A	F
O	U	R	P	K	O	L	O	O	C	C	A	T	C	O	W
D	G	S	X	N	I	M	O	O	I	R	T	E	M	I	S
O	N	K	T	M	E	A	E	G	O	Y	C	M	E	X	D
P	A	R	A	L	E	L	O	T	R	K	E	A	K	E	E
P	O	L	I	G	O	N	O	L	R	A	R	I	V	C	O
P	E	R	I	M	E	T	R	O	B	I	M	D	A	O	V
A	R	I	T	M	E	T	I	K	O	B	O	O	C	B	F
T	M	M	A	L	S	A	J	D	A	D	Z	S	I	K	J
D	E	C	I	M	A	L	A	A	D	A	U	I	O	G	T
T	R	I	A	N	G	U	L	O	T	A	R	D	A	V	K

ANGULOJ
ARITMETIKO
CIRKONFERENCO
DECIMALA
DIAMETRO
DIVIDO
EKVACIO
EKSPONENTO
FRAKCIO
GEOMETRIO
PARALELO
PARALELOGRAMO
PERIMETRO
POLIGONO
KVADRATO
RECTANGULO
SIMETRIO
SUMO
TRIANGULO
VOLUMO

59 - Meditazione

T	Y	E	Q	S	J	U	B	A	T	N	E	M	V	D	I
A	S	N	E	Y	O	V	I	T	K	E	P	S	R	E	P
G	W	J	C	A	K	L	F	E	V	R	E	I	X	F	A
D	A	N	K	O	N	E	Z	N	Q	V	D	F	J	V	K
R	H	H	E	N	K	L	Y	T	M	E	N	S	O	T	C
R	O	T	N	E	L	I	S	U	E	H	G	K	S	K	E
F	L	R	J	T	L	V	Z	Z	W	M	Q	K	N	L	P
E	P	C	G	N	H	K	C	U	O	C	Y	P	E	A	T
L	P	A	I	I	H	N	D	J	M	Z	A	U	P	R	O
I	S	X	C	S	T	A	K	O	M	P	A	T	O	E	R
Ĉ	M	P	N	O	N	R	W	I	F	M	B	J	M	C	U
O	O	F	I	G	N	T	W	C	A	A	B	D	J	O	T
Y	V	H	Q	R	P	Y	G	O	E	Y	L	G	H	S	A
X	A	R	I	B	A	S	L	M	I	K	R	H	Y	N	N
H	D	B	P	F	L	D	P	E	O	B	S	E	R	V	O
I	O	T	Q	O	T	F	O	X	R	U	G	B	L	H	K

AKCEPTO
ATENTU
TRANKVILE
KLARECO
KOMPATO
EMOCIOJ
FELIĈO
DANKON
MENTA
MENSO
MOVADO
MUZIKO
NATURO
OBSERVO
PACO
PENSOJ
SINTENO
PERSPEKTIVO
SPIRADO
SILENTO

60 - Elettricità

C	N	E	G	A	T	I	V	O	L	I	C	X	V	X	O
Q	E	K	S	H	B	D	K	R	A	N	O	I	N	O	N
B	X	L	V	I	Y	Q	A	O	M	G	I	H	O	I	O
F	E	K	O	A	W	X	B	T	P	O	D	U	E	J	F
E	S	Y	T	J	N	F	L	A	O	Ĵ	A	P	I	K	E
H	L	L	E	D	K	T	O	R	I	Y	V	O	E	T	L
O	K	E	R	W	U	M	O	E	R	F	I	M	L	E	E
K	X	L	K	E	H	G	T	N	E	T	T	M	E	L	T
T	O	W	H	T	A	H	E	E	T	M	I	S	K	E	D
B	U	L	B	O	R	I	N	G	A	Z	Z	T	T	V	U
M	S	W	C	Z	X	O	G	T	B	X	O	O	R	I	J
C	E	V	Z	R	D	R	A	T	O	J	P	K	I	D	J
Z	J	B	A	G	A	E	M	Z	I	S	N	A	S	O	U
E	X	M	X	S	Z	S	P	A	I	S	I	D	T	L	X
N	S	H	P	E	Y	A	I	V	N	J	A	O	O	Y	P
T	I	D	L	P	E	L	Y	D	L	C	U	L	J	U	F

EKIPAĴO
BATERIO
KABLO
STOKADO
ELEKTRISTO
ELEKTRO
DRATOJ
GENERATORO
LAMPO
BULBO
LASERO
MAGNETO
NEGATIVO
CELOJ
POZITIVA
INGO
KVANTO
RETO
TELEFONO
TELEVIDO

61 - Antiquariato

H	U	D	P	I	M	Q	A	I	Y	W	B	Z	G	K	M
G	M	C	M	N	O	Ĵ	A	T	P	L	U	K	S	V	C
V	L	K	R	Y	N	D	N	W	N	T	C	E	H	A	L
B	O	G	A	A	E	I	Q	V	U	E	W	H	H	L	Y
Z	K	A	D	G	R	D	S	E	I	R	T	Y	Q	I	Z
Y	M	L	C	Z	O	R	A	T	S	E	R	Ŭ	K	T	K
L	S	E	W	V	J	M	A	L	N	O	V	A	A	O	Y
A	V	R	G	U	I	M	O	Ĉ	I	D	N	O	K	V	H
T	C	O	Z	O	E	P	I	Z	N	W	C	S	T	J	Q
N	S	I	H	L	O	O	L	B	E	M	C	I	G	R	B
A	Ŭ	K	C	I	O	T	N	E	C	R	A	J	D	N	A
G	Y	V	T	T	R	S	Q	P	I	E	P	A	Q	P	Z
E	Q	L	G	S	O	E	J	A	R	D	E	K	O	J	E
L	F	N	O	Y	L	V	O	R	N	A	M	A	J	H	H
E	N	I	S	E	A	N	A	K	Y	M	O	M	S	Z	R
N	P	I	P	J	V	I	N	E	K	U	T	I	M	A	V

ARTO
AŬKCIO
AŬTENTA
KONDIĈO
JARDEKOJ
ORNAMAJ
ELEGANTA
GALERO
NEKUTIMA
INVESTO
MEBLO
MONEROJ
PREZO
KVALITO
RESTARO
SKULPTAĴO
JARCENTO
STILO
VALORO
MALNOVA

62 - Escursionismo

S	J	O	L	I	D	I	V	G	N	V	I	P	H	S	O
K	O	R	E	T	E	V	H	W	J	A	X	L	G	O	J
N	T	V	K	B	P	F	P	J	M	C	T	Z	M	X	H
P	O	T	A	M	I	L	K	S	A	A	X	U	N	H	I
U	B	M	V	Ĝ	L	L	S	B	S	L	K	T	R	A	Ŝ
N	A	N	L	B	A	B	E	S	T	O	J	E	O	O	T
T	W	Z	U	M	P	P	I	Y	Q	N	O	N	R	F	O
O	G	L	L	A	R	S	H	U	H	U	K	D	I	I	N
M	D	H	T	P	E	V	K	J	E	S	R	U	E	L	O
A	I	X	S	O	P	D	Q	Y	J	P	A	M	N	K	J
F	K	R	I	I	A	G	Y	K	N	E	P	A	T	U	S
U	H	V	R	H	R	F	Y	H	M	Z	O	D	I	W	C
S	E	W	O	I	O	P	C	B	O	A	G	O	Ĝ	J	Y
Z	W	T	I	K	I	P	G	S	N	W	U	A	O	U	U
Z	E	A	U	P	W	X	K	K	T	G	H	D	F	A	F
U	I	U	H	J	Y	R	B	N	O	B	U	N	V	P	Q

AKVO
BESTOJ
TENDUMADO
KLIMATO
GVIDILOJ
MAPO
VETERO
MONTO
NATURO
ORIENTIĜO
PARKOJ
PEZA
ŜTONOJ
PREPARO
KLIFO
SOVAĜA
SUNO
LACA
BOTOJ
PUNTO

63 - Professioni #1

A	S	C	I	E	N	C	I	S	T	O	U	O	U	K	Q
V	M	T	R	E	J	N	I	S	T	O	J	R	H	Z	V
A	K	B	G	O	T	S	I	K	N	A	B	O	C	W	I
R	A	U	A	T	R	O	M	O	N	O	R	T	S	A	M
T	R	O	T	S	I	C	N	A	D	D	L	K	O	W	A
I	T	T	A	I	A	R	B	A	U	B	S	A	U	L	T
S	O	S	D	N	P	D	Q	P	R	A	N	D	P	V	J
T	G	I	V	A	S	X	O	T	S	I	L	E	V	U	J
I	R	K	O	I	I	S	T	R	E	S	D	R	D	A	I
N	A	I	K	P	K	P	S	C	O	O	Z	N	J	B	C
O	F	Z	A	K	O	Q	I	G	T	G	D	G	E	Z	M
I	O	U	T	K	L	S	B	L	S	R	O	I	K	Y	O
H	Z	M	O	P	O	B	M	O	I	I	D	L	Q	C	V
M	T	H	Z	M	G	X	U	E	S	W	N	Y	O	Z	X
L	Y	Z	F	O	O	G	L	U	A	G	M	V	D	E	R
A	R	T	I	S	T	O	P	R	Ĉ	B	I	J	B	H	G

TREJNISTO
AMBASADORO
ARTISTO
ASTRONOMO
ADVOKATO
DANCISTO
BANKISTO
ĈASISTO
KARTOGRAFO
REDAKTORO
GEOLOGO
JUVELISTO
PLUMBISTO
VARTISTINO
MUZIKISTO
PIANISTO
PSIKOLOGO
SCIENCISTO

64 - Antartide

T	J	Y	P	O	W	U	O	V	A	I	O	M	N	J	Y
O	J	O	R	E	Ĉ	A	L	G	I	R	Q	Y	V	B	Z
X	W	L	A	C	N	E	I	C	S	N	B	B	Q	A	N
Y	A	Z	O	T	S	I	R	O	L	P	S	E	J	J	A
G	Y	K	C	O	R	U	N	Z	T	K	K	U	O	O	Z
L	K	Z	O	I	D	E	M	S	H	C	E	H	L	O	C
A	P	M	V	N	V	L	L	A	U	G	V	Q	A	O	E
C	F	C	K	F	T	E	U	W	O	L	Q	N	R	I	J
I	N	O	A	A	J	I	M	H	C	G	O	U	E	F	O
O	Y	T	N	F	G	T	N	D	J	V	F	B	N	A	N
V	C	D	Z	N	C	H	X	E	J	Z	E	O	I	R	E
E	X	P	E	D	I	C	I	O	N	X	D	J	M	G	L
Y	O	I	F	A	R	G	O	P	O	T	W	E	J	O	A
T	E	M	P	E	R	A	T	U	R	O	O	A	E	E	B
M	I	G	R	A	D	O	K	A	D	U	W	I	F	G	H
U	J	M	Y	K	K	K	O	N	S	E	R	V	A	D	O

AKVO
MEDIO
BAJO
BALENOJ
KONSERVADO
KONTINENTO
GEOGRAFIO
GLAĈEROJ
GLACIO
INSULOJ
MIGRADO
MINERALOJ
NUBOJ
PENINSULO
ESPLORISTO
ROCKY
SCIENCA
EXPEDICIO
TEMPERATURO
TOPOGRAFIO

65 - Libri

L	L	F	V	G	Z	B	C	M	X	L	H	X	R	T	K
Y	E	A	Ŭ	T	O	R	O	D	X	F	C	H	E	R	U
F	H	G	M	X	M	I	N	S	W	J	O	M	L	A	N
D	U	P	A	R	U	T	A	R	E	T	I	L	E	G	T
S	M	X	I	N	O	R	U	L	N	B	R	X	V	I	E
V	U	W	R	O	T	N	O	K	A	R	E	C	O	K	K
A	R	A	O	Z	K	O	C	E	U	D	S	O	Ĝ	A	S
V	A	B	T	B	E	I	N	O	M	E	Z	F	A	V	T
E	Q	Q	S	N	L	Z	H	A	E	U	P	H	P	W	O
N	X	C	I	I	O	E	H	T	M	O	W	O	Q	D	R
T	B	J	H	N	K	O	Z	U	L	O	P	E	P	H	G
U	H	F	W	V	G	P	K	G	H	U	R	B	X	E	V
R	P	M	Y	E	R	A	K	O	N	T	A	N	T	O	A
O	Y	Y	N	N	S	U	W	R	D	Z	D	Z	S	C	B
Z	N	D	I	T	Q	F	F	S	K	R	I	B	A	C	Q
E	V	I	O	A	X	V	T	E	X	O	L	Y	J	N	Y

AŬTORO
AVENTURO
KOLEKTO
KUNTEKSTO
DUECO
EPOPEA
INVENTA
LITERATURA
LEGANTO
RAKONTANTO
PAĜO
POEZIO
RELEVO
ROMANO
SKRIBA
SERIO
RAKONTO
HISTORIA
TRAGIKA
HUMURA

66 - Geografia

A	C	M	O	X	X	A	F	I	O	G	V	Q	H	U	V
T	L	T	P	I	Q	F	F	G	S	O	D	U	S	Z	C
L	A	L	T	E	C	O	D	R	O	N	E	G	W	M	J
A	I	O	K	P	B	R	B	X	Q	O	P	K	H	E	Q
S	L	I	J	P	R	E	R	R	V	I	O	L	X	R	O
O	H	R	B	O	K	F	I	G	U	G	L	B	F	I	T
P	Z	O	X	E	Z	S	J	T	U	E	A	K	F	D	E
A	A	T	Z	I	D	I	A	W	O	R	T	V	M	I	M
C	P	I	W	P	H	M	L	S	T	D	I	Z	A	A	O
J	L	R	V	E	A	E	O	W	N	E	T	E	P	N	N
O	C	E	A	N	O	H	R	N	E	B	U	N	O	O	T
H	W	T	U	Z	C	K	E	L	D	C	D	L	R	Z	O
I	N	S	U	L	O	Q	V	I	I	O	O	A	A	S	I
S	P	N	J	G	V	K	I	F	C	T	I	N	M	N	X
U	D	A	A	K	F	W	R	L	K	G	I	D	E	X	H
K	O	N	T	I	N	E	N	T	O	G	F	O	V	D	Y

ALTECO
ATLASO
URBO
KONTINENTO
HEMISFERO
RIVERO
INSULO
LATITUDO
MAPO
MARO
MERIDIANO
MONDO
MONTO
NORDO
OCEANO
OKCIDENTO
LANDO
REGIONO
SUDO
TERITORIO

67 - Cibo #1

D	W	X	D	P	B	J	W	T	E	S	X	Z	Y	L	J
U	V	L	K	I	S	U	A	I	T	I	A	G	K	Y	Q
L	U	B	P	R	G	S	J	N	K	M	N	L	M	B	S
M	W	G	R	O	P	Y	L	U	A	B	Z	S	A	K	W
R	A	P	O	K	U	S	O	S	R	Q	U	P	G	T	O
Z	K	T	K	L	L	I	P	O	O	S	X	I	Q	H	O
U	I	I	U	E	I	P	E	E	T	K	R	N	N	O	T
G	M	E	K	I	K	Z	C	Y	O	J	E	A	Y	R	O
C	I	T	R	O	N	O	A	X	T	K	G	C	Q	D	V
K	N	Y	L	N	S	N	A	B	N	H	M	O	J	E	I
J	N	U	O	J	S	F	L	Y	E	B	E	L	K	O	A
L	A	V	I	Y	Z	P	I	D	M	L	R	A	V	I	N
O	N	M	I	P	F	R	A	G	O	A	B	S	L	P	D
B	L	C	I	N	A	M	O	R	E	K	U	S	J	P	O
I	W	U	F	O	U	Z	E	X	C	T	C	L	V	P	M
C	C	N	I	K	V	C	A	E	O	O	U	A	I	T	P

AJLO
BAZILO
CINAMO
VIANDO
KAROTO
CEPO
FRAGO
SALATO
LAKTO
CITRONO
MENTO
HORDEO
PIRO
RAPO
SALO
SPINACO
SUKO
TINUSO
KUKO
SUKERO

68 - Etica

J	N	P	S	H	A	H	K	U	N	L	A	B	O	R	O
Q	J	Z	G	L	J	H	O	Ĝ	A	S	X	N	N	N	M
V	Z	A	F	B	J	J	C	N	K	G	I	E	G	Y	E
I	W	C	M	N	L	O	N	T	E	O	N	G	I	X	R
A	I	N	T	E	G	R	E	C	O	S	M	W	D	G	E
L	L	U	E	Q	D	O	I	E	E	Z	T	P	H	W	L
B	R	T	B	Y	U	L	C	E	U	W	D	E	A	M	O
E	E	O	R	A	G	A	A	R	J	Y	X	A	C	T	T
T	S	P	R	U	C	V	P	N	N	A	U	R	E	O	O
P	P	T	E	R	I	D	I	P	L	O	M	A	T	I	A
E	E	I	A	O	M	S	I	U	D	I	V	I	D	N	I
C	K	M	L	U	R	U	M	H	F	U	N	R	N	D	W
K	T	I	I	U	K	H	E	O	C	E	I	C	A	R	W
A	A	S	S	F	I	L	O	Z	O	F	I	O	S	B	X
L	E	M	M	R	I	R	D	W	T	X	X	Z	M	R	F
U	A	O	O	B	Q	I	Z	K	H	O	M	A	R	O	G

ALTRUISMO
KOMPATO
KUNLABORO
DIGNO
DIPLOMATIA
FILOZOFIO
INDIVIDUISMO
INTEGRECO
HONESTECO
OPTIMISMO
PACIENCO
AKCEPTEBLA
RACIECO
REALISMO
RESPEKTA
SAĜO
TOLEREMO
HOMARO
VALOROJ

69 - Aeroplani

H	A	N	F	E	O	N	A	W	K	B	D	H	N	R	Y
P	I	V	D	C	X	M	S	U	R	T	E	R	I	Ĝ	O
A	G	D	E	M	O	T	O	R	O	G	M	B	F	M	D
S	I	H	R	N	V	E	W	F	P	L	H	S	K	K	A
A	V	I	O	O	T	K	E	R	I	D	B	I	B	M	Y
Ĝ	A	S	O	T	G	U	E	E	K	J	Z	R	I	X	Q
E	N	T	V	L	L	E	R	A	S	O	R	I	B	B	I
R	X	O	I	A	T	K	N	O	U	R	T	S	N	O	K
O	U	R	U	Y	F	L	Z	O	O	E	Ĉ	R	P	R	P
N	T	I	I	Q	B	U	I	F	N	F	I	Y	P	E	G
O	T	O	T	P	M	V	E	S	F	S	E	W	O	A	J
L	P	I	L	O	T	O	P	L	O	O	L	P	N	X	Y
A	L	T	E	C	O	Z	N	X	O	M	O	A	E	L	C
B	D	E	V	E	N	O	D	K	J	T	K	S	A	V	M
T	U	R	B	U	L	E	C	O	C	A	O	R	A	Q	H
Q	S	W	E	D	E	T	A	H	J	L	Y	C	Z	A	A

ALTO
ALTECO
AERO
ATMOSFERO
SURTERIĜO
AVENTURO
FUELO
ĈIELO
KONSTRUO
DIREKTO
DEVENO
SKIPO
HIDROGENO
MOTORO
NAVIGI
BALONO
PASAĜERO
PILOTO
HISTORIO
TURBULECO

70 - Governo

Y	M	G	L	C	K	O	N	A	T	I	V	I	C	O	O
W	J	V	V	I	O	I	C	A	N	J	C	Q	S	Z	J
W	R	I	N	V	N	T	O	D	A	L	O	R	A	P	T
M	A	D	N	I	S	A	K	W	G	N	Ĝ	D	I	M	Q
F	L	A	C	L	T	R	I	I	C	V	E	D	C	E	P
A	U	N	W	A	I	K	T	V	R	R	L	T	A	R	V
D	C	T	Q	T	T	O	I	I	A	T	B	U	N	S	V
U	I	O	Z	W	U	M	L	Q	Z	O	S	W	X	W	M
Q	L	S	F	C	C	E	O	L	O	B	M	I	S	Q	O
J	I	Z	K	N	I	D	P	F	Y	Y	J	K	D	D	N
U	B	W	Q	U	O	T	A	T	S	Y	U	X	B	M	U
Ĝ	E	N	C	O	T	W	Z	E	J	T	S	B	F	C	M
A	R	L	C	T	A	O	N	J	I	W	T	W	C	E	E
J	E	Z	E	C	N	E	D	N	E	P	E	D	N	I	N
P	C	T	X	N	N	C	M	X	K	E	C	D	Q	G	T
F	O	C	E	L	A	G	E	Q	V	N	O	S	Y	K	O

GVIDANTO
CIVITANO
CIVILA
KONSTITUCIO
DEMOKRATIO
PAROLADO
DISKUTO
JUĜAJ
JUSTECO
INDEPENDENCE
LEĜO
LIBERECO
MONUMENTO
NACIA
NACIO
POLITIKO
DISTRIKTO
SIMBOLO
STATO
EGALECO

71 - Bellezza

S	P	R	O	D	U	T	O	J	G	A	L	I	X	X	M
B	T	C	T	G	C	G	U	A	V	L	D	T	J	Y	S
A	H	I	Q	F	S	U	P	S	Y	I	A	W	K	W	B
O	G	F	L	H	C	J	M	D	B	B	R	T	G	C	R
Z	Z	N	L	I	L	Z	A	F	U	J	H	K	A	T	U
E	C	A	R	G	S	R	Ŝ	M	A	S	C	A	R	A	O
L	I	J	L	O	K	T	S	R	D	N	L	J	K	F	D
E	H	Q	J	W	O	J	O	L	K	U	B	H	O	O	O
G	S	N	O	N	C	O	R	Ĉ	P	W	P	A	S	T	R
A	P	R	N	C	U	V	O	N	A	Z	H	T	M	O	O
N	E	J	B	H	K	R	L	C	E	R	I	O	E	G	M
T	G	E	L	J	A	E	O	U	M	G	M	I	T	É	U
E	U	Z	H	A	R	S	K	E	J	B	B	O	I	N	F
C	L	T	O	N	D	I	L	O	V	X	E	W	K	I	R
O	O	E	L	E	G	A	N	T	A	V	Q	Z	O	C	A
O	V	K	O	N	S	I	S	T	O	P	J	I	J	O	P

KOLORO
KOSMETIKOJ
ELEGANTA
ELEGANTECO
ĈARMO
TONDILO
FOTOGÉNICO
PARFUMO
GRACE
GLATA
MASCARA
PRODUTOJ
ODORO
BUKLOJ
SERVOJ
ŜAMPUO
SPEGULO
STILISTO
KONSISTO

72 - Avventura

V	K	E	I	O	F	B	E	L	E	C	O	V	F	E	R
B	G	N	T	L	D	C	X	U	C	A	C	O	T	K	P
B	W	T	I	W	A	I	B	X	N	I	E	J	O	S	J
Y	G	U	N	N	O	O	D	O	O	P	R	A	B	K	J
K	M	Z	E	D	D	C	Y	U	T	R	U	Ĝ	Y	U	Q
O	S	I	R	R	A	E	C	W	L	S	K	O	G	R	D
Z	G	A	O	O	G	V	S	A	U	O	E	J	M	S	E
O	M	S	J	E	I	I	E	T	C	B	S	W	K	O	Y
C	F	M	O	Z	V	T	A	M	I	T	U	K	E	N	R
N	J	O	Ĝ	A	A	K	V	U	F	N	K	J	F	C	Z
A	A	F	N	L	N	A	G	A	I	J	O	K	I	M	A
Ŝ	P	T	E	O	V	A	R	B	D	Q	W	P	L	N	B
C	L	E	U	Y	V	G	E	S	W	W	U	I	G	B	M
G	J	Q	S	R	V	A	R	E	Ĝ	N	A	D	B	Z	J
X	P	Z	E	L	O	F	Q	T	P	R	E	P	A	R	O
N	W	R	B	C	U	W	R	U	N	H	O	H	V	R	A

AMIKOJ
AKTIVECO
BELECO
ŜANCO
BRAVO
DESTINO
DIFICULTO
ENTUZIASMO
EKSKURSO
ĜOJO
NEKUTIMA
ITINERO
NATURO
NAVIGADO
NOVA
DANĜERA
PREPARO
SEKURECO
VOJAĜOJ

73 - Forme

R	K	Q	C	T	R	I	A	N	G	U	L	O	G	K	L
E	V	L	I	K	V	U	C	D	D	B	L	R	M	U	E
C	A	S	R	T	O	B	R	U	K	O	G	I	U	B	H
T	D	I	K	Y	W	V	P	F	K	W	L	G	N	O	K
A	R	R	L	M	V	E	A	O	K	N	A	L	F	I	J
N	A	A	O	R	Q	O	Z	L	L	Y	B	F	W	Q	O
G	T	N	E	L	I	P	S	O	A	I	X	L	X	Q	P
U	O	D	S	F	E	R	O	B	C	K	G	F	Z	T	R
L	F	O	C	C	Q	P	Y	R	I	O	L	O	T	B	I
O	T	J	F	T	J	I	S	E	L	N	E	Y	N	V	S
A	N	G	U	L	O	R	J	P	I	U	Q	Q	E	O	M
U	N	D	W	H	Y	A	I	I	N	S	A	N	G	T	O
U	X	P	R	E	W	M	C	H	D	O	L	H	Y	F	S
D	L	A	E	Z	W	I	M	D	R	Q	P	P	S	C	X
N	I	A	R	K	M	D	U	M	O	G	G	I	S	S	C
O	D	I	O	X	L	O	A	A	R	K	O	O	H	G	D

ANGULO
ARKO
RANDOJ
CIRKLO
CILINDRO
KONUSO
KUBO
KURBO
ELIPSO
HIPERBOLO
FLANKO
LINIO
OVALA
PIRAMIDO
POLIGONO
PRISMO
KVADRATO
RECTANGULO
SFERO
TRIANGULO

74 - Oceano

C	D	B	L	B	Q	A	T	J	O	N	E	F	L	E	D
U	L	F	P	R	A	T	C	Y	N	H	W	G	C	N	K
N	X	B	U	Y	P	L	V	V	D	O	S	U	N	I	T
I	Q	Z	L	O	D	P	E	B	O	L	A	S	I	E	B
S	A	L	I	K	O	K	O	N	J	I	L	V	Q	R	D
R	X	F	J	R	Ŝ	B	R	W	O	G	G	X	U	I	E
K	K	Y	X	F	I	I	T	R	D	N	O	B	A	R	K
D	O	M	C	R	F	F	S	H	U	A	J	X	Z	X	N
T	G	R	E	Z	M	J	O	V	T	Ŝ	T	O	R	M	O
K	N	H	A	D	R	O	F	N	S	K	S	U	E	I	T
D	O	R	T	L	U	N	S	X	E	P	T	C	Z	B	A
A	P	Z	L	Q	O	Z	B	G	T	R	I	F	O	I	O
G	S	Ŝ	A	R	K	O	O	P	O	L	P	O	I	U	B
Y	Q	I	E	U	P	Q	Z	J	U	G	H	O	M	M	U
S	F	L	E	V	D	C	D	O	H	S	G	P	P	U	F
B	K	B	M	J	W	T	O	O	P	N	H	I	W	B	D

ALGOJ
ANGILO
BALENO
BOATO
KORALO
DELFENO
SALIKOKO
KRABO
MEDUZOJ
ONDOJ
OSTRO
FIŜO
POLPO
SALO
RIFO
SPONGO
ŜARKO
TESTUDO
ŜTORMO
TINUSO

75 - Famiglia

I	T	B	Y	E	D	W	J	P	O	N	K	L	I	N	O
N	I	Y	X	K	U	Z	O	T	A	R	F	J	E	T	N
F	N	U	C	E	K	A	N	I	R	T	A	P	D	D	A
A	T	E	N	Y	M	D	A	Q	G	I	R	L	Z	K	F
N	U	W	V	A	Q	C	F	N	A	P	P	O	O	S	N
A	E	I	Z	O	P	E	N	F	I	L	I	N	O	N	I
Ĝ	F	Q	A	N	D	M	I	G	Q	N	X	Q	N	E	A
O	K	D	P	I	T	G	T	K	Z	F	N	J	I	V	V
X	X	C	Z	R	D	L	L	N	O	I	W	J	Z	F	I
X	O	N	I	T	A	R	F	D	N	Q	O	P	D	A	N
G	W	T	T	A	T	P	K	Z	K	E	W	A	E	V	O
Y	Y	R	G	P	M	P	A	R	L	Z	U	T	I	O	V
T	G	N	N	G	J	H	C	T	O	J	Z	R	C	O	T
B	T	L	C	M	T	Z	K	K	R	X	M	A	S	I	G
G	D	K	B	M	C	H	E	A	L	O	B	U	F	E	F
S	I	G	L	U	Y	N	W	C	D	N	N	T	K	H	Y

PRAPATRO
INFANOJ
INFANO
KUZO
FILINO
FRATO
INFANAĜO
PATRINO
EDZO
PATRINA
EDZINO
NEVO
NEPO
AVINO
AVO
PATRO
PATRA
FRATINO
ONKLINO
ONKLO

76 - Creatività

O	B	U	J	H	W	I	K	J	I	E	J	S	O	T	U
E	H	W	K	M	E	J	D	Z	M	I	V	K	C	W	L
W	Z	B	G	S	D	O	S	E	R	P	M	I	E	X	E
S	P	O	N	T	A	N	E	A	O	C	E	U	L	F	R
I	N	T	E	N	S	E	C	O	E	J	J	V	G	I	T
A	Y	X	E	S	P	R	I	M	O	O	U	X	I	M	O
G	R	E	I	P	D	M	B	R	C	I	B	W	V	A	I
C	N	T	Z	O	T	N	E	S	E	C	R	N	O	G	N
Z	Q	I	A	R	B	D	F	H	R	O	N	C	V	P	G
L	K	E	K	I	D	X	P	N	A	M	A	R	D	O	V
O	J	H	P	P	E	M	A	H	L	E	J	R	K	V	I
K	S	V	Y	S	F	K	U	B	K	W	H	P	Z	O	Z
A	Ŭ	T	E	N	T	I	K	E	C	O	A	V	F	Z	I
I	N	T	U	I	C	I	O	T	B	I	L	D	O	Y	O
I	N	V	E	N	T	A	Y	E	W	W	Y	A	B	R	J
V	Z	G	S	F	A	N	O	E	M	J	B	R	I	L	L

LERTO
ARTA
AŬTENTIKECO
KLARECO
DRAMAN
EMOCIOJ
ESPRIMO
FLUECO
IDEOJ
IMAGPOVO
BILDO
IMPRESO
INTENSECO
INTUICIO
INVENTA
INSPIRO
SENTO
SPONTANEA
VIZIOJ
VIGLECO

77 - Veicoli

E	I	I	C	N	R	L	T	A	K	S	I	O	F	L	N
A	N	V	G	O	D	B	X	R	T	B	S	O	B	S	L
Ŭ	V	R	T	M	W	O	P	I	Ŝ	R	A	M	B	U	S
T	A	W	K	K	A	M	I	O	N	O	A	Y	Q	E	R
O	R	E	T	O	K	S	O	S	O	L	F	J	T	B	A
B	I	C	I	K	L	O	J	U	T	I	J	O	N	T	K
J	G	J	Y	Z	H	T	M	B	P	D	G	M	C	O	E
H	M	U	J	T	X	U	V	P	O	A	P	U	O	O	T
O	S	K	T	R	A	C	T	O	R	I	C	A	N	R	O
P	A	M	B	U	L	A	N	C	O	V	P	D	E	T	T
U	N	V	C	K	I	C	G	C	T	A	N	R	R	E	A
U	O	E	L	G	I	Z	S	C	O	M	E	I	I	M	O
T	R	Y	Ŭ	O	C	L	T	B	M	X	M	C	O	M	B
E	H	L	V	O	N	A	V	A	R	A	K	N	D	H	O
E	I	X	I	E	J	T	G	P	P	O	F	Z	Y	V	K
H	E	L	I	K	O	P	T	E	R	O	O	S	D	B	Y

AVIADILO
AMBULANCO
AŬTO
BUSO
BOATO
BICIKLO
KAMIONO
KARAVANO
HELIKOPTERO
METROO
MOTORO
PNEŬOJ
RAKETO
SKOTERO
SUBMARŜIPO
TAKSIO
PRIMO
TRACTOR
TRAJNO
FLOSO

78 - Natura

Y	E	F	H	P	D	G	V	Z	O	I	J	J	K	Z	G
B	E	S	T	O	J	E	M	M	W	V	P	U	E	L	L
D	M	F	O	V	W	Y	Z	P	U	P	M	Z	O	K	A
T	R	O	P	I	K	A	A	E	X	Y	C	K	L	Y	C
U	F	P	L	J	N	A	R	O	R	S	T	S	U	S	E
Q	X	J	C	O	X	T	K	M	C	T	N	J	B	O	R
B	E	L	E	C	O	C	T	O	I	Z	O	R	E	V	O
Y	G	B	Y	K	C	S	O	N	F	J	S	I	N	A	G
D	I	N	A	M	I	K	A	T	Q	L	K	S	Y	Ĝ	C
A	C	X	N	C	N	Z	Y	O	O	R	A	B	R	A	R
B	U	B	E	W	J	U	Z	J	A	H	A	S	I	U	I
E	V	G	R	W	X	L	B	C	O	Z	P	I	V	P	F
L	Q	X	E	V	J	L	E	O	I	I	V	Q	E	T	U
O	G	Q	S	T	B	N	V	I	J	S	L	Y	R	F	Ĝ
J	S	S	U	O	H	W	I	X	O	A	M	O	O	C	O
N	E	M	A	L	H	A	V	E	B	L	A	I	F	E	W

BESTOJ
ABELOJ
ARKTO
BELECO
DEZERTO
DINAMIKA
EROZIO
RIVERO
FOLIOJ
ARBARO
GLACERO
MONTOJ
NEBULO
NUBOJ
RIFUĜO
SOVAĜA
SERENA
TROPIKA
NEMALHAVEBLA

79 - Balletto

P	P	I	E	S	P	R	I	M	A	R	T	H	Y	J	M
M	R	L	N	P	I	Q	I	X	P	I	P	R	M	J	U
R	S	A	X	T	A	R	A	E	Q	T	R	Y	D	N	S
H	T	M	K	O	E	B	S	P	V	M	O	I	Y	P	K
I	O	G	Y	T	C	N	Q	D	L	O	L	I	T	S	O
J	V	K	K	S	I	Y	S	W	A	A	B	D	A	I	L
Y	H	O	M	E	L	K	K	E	O	B	Ŭ	K	F	D	O
I	U	R	N	G	N	F	O	A	C	W	N	D	U	E	J
A	R	T	A	I	O	T	S	I	N	O	P	M	O	K	T
E	E	S	L	Q	D	A	N	C	I	S	T	O	J	J	E
S	P	E	K	T	A	N	T	A	R	O	S	T	O	C	K
Y	I	K	U	A	D	I	V	R	C	V	K	R	I	J	N
E	D	R	I	E	U	Q	D	G	Z	O	B	E	B	D	I
A	S	O	K	I	Z	U	M	N	V	R	Y	L	Y	G	K
K	O	R	E	G	R	A	F	I	O	P	E	R	W	B	O
K	H	Y	V	D	Z	C	I	K	R	Z	H	E	H	Q	Q

LERTO
APLAŬDOJ
ARTA
DANCISTOJ
KOMPONISTO
KOREGRAFIO
ESPRIMA
GESTO
GRACIA
INTENSECO
MUSKOLOJ
MUZIKO
ORKESTRO
PRAKTIKO
PROVO
SPEKTANTARO
RITMO
STILO
TEKNIKO

80 - Paesi #1

P	C	C	G	K	W	J	M	H	V	K	M	B	W	G	W
K	O	L	E	A	R	S	I	A	E	A	M	R	U	E	J
V	A	L	O	O	L	A	G	E	N	E	S	A	R	R	H
J	U	M	L	K	E	J	P	L	E	V	K	Z	P	M	J
E	W	H	B	A	B	E	N	W	Z	O	D	I	A	A	X
T	Q	M	H	O	N	U	O	V	U	I	Y	L	N	N	J
N	T	O	C	H	J	D	C	B	E	N	A	O	A	I	B
A	D	N	V	A	I	O	O	I	L	A	M	I	M	O	R
M	O	D	M	A	R	O	K	O	O	P	U	N	O	N	T
I	N	O	R	V	E	G	I	O	P	S	E	A	K	B	K
O	S	G	K	K	L	I	B	I	O	I	J	M	A	A	A
E	G	I	P	T	O	J	H	G	U	H	T	U	R	R	N
F	I	N	N	L	A	N	D	O	Y	N	A	R	I	A	A
R	N	W	E	C	V	H	A	X	A	Z	N	S	J	T	D
I	R	A	W	K	N	N	D	P	V	B	B	C	V	O	O
T	W	C	C	S	I	Q	Q	U	V	T	W	Z	V	X	G

BRAZILO
KAMBOJO
KANADO
EGIPTO
FINNLANDO
GERMANIO
BARATO
IRAKO
ISRAELO
LIBIO
MALIO
MAROKO
NORVEGIO
PANAMO
POLLANDO
RUMANIO
SENEGALO
HISPANIO
VENEZUELO
VJETNAMIO

81 - Geometria

S	K	H	U	U	V	E	R	T	I	K	A	L	A	P	Q
L	D	N	C	N	R	I	G	X	T	P	I	U	M	R	O
R	A	H	L	R	O	T	Y	D	Z	R	M	Y	B	B	Z
M	A	R	Q	O	H	I	M	L	I	O	L	X	Y	E	T
P	R	O	P	O	R	C	I	O	L	K	R	I	C	S	R
D	C	R	S	B	E	D	Z	I	N	I	U	P	Q	I	I
K	I	E	J	R	D	O	I	C	U	G	Y	J	A	M	A
A	S	M	Z	U	I	N	H	A	G	O	U	Q	J	E	N
L	Q	U	E	K	G	X	U	V	M	L	Q	N	L	T	G
K	C	N	Q	N	I	F	B	K	E	E	T	U	D	R	U
U	V	R	J	T	S	S	Y	E	W	P	T	M	W	I	L
L	N	R	J	T	J	I	X	B	S	Z	G	R	J	O	O
O	C	A	F	R	U	S	O	L	U	G	N	A	O	T	V
S	E	G	M	E	N	T	O	N	A	I	D	E	M	L	Q
P	A	R	A	L	E	L	O	I	R	O	E	T	V	A	S
H	O	R	I	Z	O	N	T	A	L	A	A	U	B	Q	C

ALTO
ANGULO
KALKULO
CIRKLO
KURBO
DIAMETRO
DIMENSIO
EKVACIO
LOGIKO
MEDIANO
NUMERO
HORIZONTALA
PARALELO
PROPORCIO
SEGMENTO
SIMETRIO
SURFACO
TEORIO
TRIANGULO
VERTIKALA

82 - Foresta Pluviale

C	Q	T	L	O	B	K	Q	H	C	O	W	O	W	Z	Q
I	A	D	Z	C	I	O	R	A	T	S	E	R	D	O	Q
N	Y	X	F	E	R	N	R	J	V	G	V	E	A	X	D
S	M	Q	T	S	D	S	E	U	X	O	A	S	H	U	S
E	B	C	U	R	O	E	H	Q	T	E	T	P	D	E	V
K	B	S	L	E	J	R	R	D	Q	A	Q	E	S	S	A
T	R	Y	Q	V	Z	V	Z	U	Y	J	N	K	O	U	L
O	Ĝ	U	F	I	R	A	X	F	T	B	N	T	W	P	O
J	B	Q	F	D	E	D	L	M	S	J	W	O	F	E	R
O	O	O	H	O	Z	O	M	U	N	U	M	O	K	R	A
I	T	L	T	T	G	H	S	P	E	C	I	O	M	V	N
B	J	A	U	A	I	N	D	I	Ĝ	E	N	A	U	I	U
I	S	G	C	M	N	X	F	J	W	U	W	W	S	V	B
F	X	N	R	I	A	I	N	G	D	F	C	R	K	O	O
M	U	A	B	L	G	M	K	Y	I	N	F	Q	O	Q	J
A	W	Ĝ	U	K	W	A	O	O	E	G	Z	I	N	E	V

AMFIBIOJ
BOTANIKO
KLIMATO
KOMUNUMO
DIVERSECO
ĜANGALO
INDIĜENA
INSEKTOJ
MAMULOJ
MUSKO
NATURO
NUBOJ
KONSERVADO
VALORA
RESTARO
RIFUĜO
RESPEKTO
SUPERVIVO
SPECIO
BIRDOJ

83 - Edifici

E	O	I	R	O	T	A	R	O	B	A	L	A	U	A	Z
Z	L	C	V	O	Q	N	O	F	R	Z	U	E	Z	P	J
T	E	A	T	R	O	D	A	S	A	B	M	A	I	A	A
U	T	Y	E	A	J	L	N	V	M	Z	I	S	N	R	O
S	S	J	X	Z	E	Z	A	A	L	E	E	T	O	T	B
D	A	P	J	A	T	T	A	T	A	I	X	A	L	A	S
K	K	A	A	B	S	X	H	S	I	H	U	D	E	M	E
M	V	Y	E	R	A	V	B	I	Z	P	E	I	T	E	R
G	L	T	B	E	G	N	V	N	L	D	S	O	O	N	V
K	R	C	M	P	H	K	I	N	O	G	M	O	H	T	A
A	A	E	D	U	T	U	R	O	D	Z	D	E	H	O	T
O	V	B	N	S	U	Y	O	Q	N	S	M	Z	N	X	O
S	Q	K	A	E	L	E	R	N	E	J	O	U	P	R	R
B	X	D	W	N	J	D	J	Y	T	G	D	M	J	P	I
O	Q	S	A	I	O	O	F	M	Z	R	W	D	O	D	O
U	N	I	V	E	R	S	I	T	A	T	O	T	A	X	H

AMBASADO
APARTAMENTO
KABANO
KASTELO
KINO
UZINO
GRENEJO
HOTELO
LABORATORIO
MUZEO
HOSPITALO
OBSERVATORIO
GASTEJO
LERNEJO
STADIO
SUPERBAZARO
TEATRO
TENDO
TURO
UNIVERSITATO

84 - Malattia

H	X	A	R	B	A	K	T	E	R	I	O	R	O	K	S
Y	X	V	Z	N	H	Q	A	B	M	U	L	R	L	S	N
R	K	A	K	M	X	L	S	B	Z	I	K	N	A	T	E
A	L	E	R	G	I	O	J	R	D	W	L	D	V	F	Z
S	C	O	W	R	G	C	J	K	C	O	B	V	S	N	A
I	S	S	O	N	E	G	Ó	T	A	P	M	N	J	B	K
N	W	E	N	E	G	F	X	J	V	S	G	E	I	D	U
D	A	X	O	U	H	E	R	E	D	A	P	F	N	B	T
R	K	A	T	R	O	F	L	A	M	S	Z	I	S	A	A
O	R	I	W	O	C	E	N	U	M	I	E	I	R	U	J
M	O	V	B	P	N	X	O	V	O	Z	J	N	V	A	M
O	N	X	M	A	Ĝ	A	T	N	O	K	W	F	C	T	G
U	I	M	O	T	Q	I	S	V	A	U	R	L	P	Q	L
W	K	P	D	I	K	O	R	P	O	I	P	A	R	E	T
Z	O	S	H	O	K	I	T	E	N	E	G	M	I	W	S
P	N	Y	Y	L	V	P	Q	H	P	R	P	O	T	N	G

AKUTA
ABDOMENAJ
ALERGIOJ
BAKTERIO
KONTAĜA
KORPO
KRONIKO
KORO
MALFORTA
HEREDA
GENETIKO
IMUNECO
INFLAMO
LUMBA
NEUROPATIO
PATÓGENOS
SPIRA
SANO
SINDROMO
TERAPIO

85 - Paesi #2

L	O	S	X	S	J	M	N	I	G	E	R	I	O	X	Z
Q	F	U	U	B	V	U	E	M	N	J	T	C	T	I	F
N	O	Y	C	D	G	U	D	K	Q	N	A	A	I	N	G
D	O	I	T	I	A	H	E	J	S	R	P	A	I	D	H
H	D	P	X	A	O	N	A	T	S	I	K	A	P	O	V
M	N	J	D	A	D	C	O	S	N	A	K	Z	K	N	A
J	A	P	A	N	I	O	I	I	E	L	D	O	D	E	P
K	G	T	J	H	L	I	N	R	P	B	F	K	D	Z	D
L	U	R	A	C	Z	P	I	I	A	A	K	J	J	I	A
E	Q	S	R	G	O	O	A	O	L	N	A	A	E	O	N
R	Q	X	P	N	S	I	R	L	O	I	Z	M	N	D	I
P	D	H	V	X	O	T	K	J	W	O	P	A	Q	N	O
E	A	J	U	S	A	E	U	E	U	C	P	J	W	A	I
X	A	H	D	F	L	S	N	U	R	P	T	G	C	L	S
O	W	P	O	Y	G	M	L	E	Q	G	O	D	S	R	U
C	G	J	H	Z	L	I	B	E	R	I	O	P	P	I	R

ALBANIO
DANIO
ETIOPIO
JAMAJKO
JAPANIO
GREKIO
HAITIO
INDONEZIO
IRLANDO
LAOSO
LIBERIO
MEKSIKO
NEPALO
NIGERIO
PAKISTANO
RUSIO
SIRIO
SUDANO
UKRAINIO
UGANDO

86 - Tipi di Capelli

Q	O	S	H	H	D	A	V	J	I	A	Z	S	K	E	C
K	B	H	M	V	B	R	A	I	D	E	D	E	B	O	U
H	X	G	I	M	R	A	B	P	S	W	E	K	H	H	U
M	T	R	B	A	D	A	A	U	P	Y	U	A	B	E	H
I	T	I	U	G	X	X	R	V	K	Q	G	Y	L	Y	Q
G	Y	Z	K	F	A	G	N	O	L	L	A	M	A	P	V
Y	M	A	L	G	T	F	E	D	X	L	A	A	N	L	L
N	Z	K	O	L	I	S	S	R	U	L	N	L	K	E	N
N	I	U	J	A	V	L	A	K	D	B	U	D	A	K	X
M	K	G	O	T	N	E	Ĝ	R	A	H	R	I	D	T	I
R	J	I	R	A	K	I	D	D	G	M	B	K	N	A	R
X	S	R	N	A	L	O	M	L	N	P	B	A	O	Ĵ	E
S	K	E	K	M	A	C	Q	U	O	R	N	D	L	O	P
J	A	R	O	L	O	K	V	Z	L	V	F	L	B	J	J
U	C	N	D	T	J	M	L	G	X	Q	A	T	A	S	F
V	N	J	A	Z	A	K	P	V	K	K	Z	A	X	O	K

ARĜENTO
SEKA
BLANKA
BLONDA
MALLONGA
KALVA
KOLORAJ
GRIZA
BRAIDED
GLATA
LONGA
BRUNA
MOLA
NIGRA
BUKLA
BUKLOJ
SANA
MALDIKA
DIKA
PLEKTAĴOJ

87 - Vestiti

M	Z	Z	G	A	N	T	O	J	R	B	Y	D	L	M	Ŝ
Ĉ	O	E	O	R	E	I	L	O	K	J	U	P	O	A	T
E	M	D	M	N	Z	G	Z	T	C	A	H	A	K	N	R
M	A	T	O	W	O	T	S	E	V	V	Y	E	A	T	U
I	Ĵ	M	U	F	R	F	T	L	O	J	D	N	J	E	M
Z	I	V	Ŝ	Y	I	K	U	E	S	K	U	L	O	L	P
O	P	A	S	Q	H	Z	Y	C	D	P	G	S	J	O	E
S	A	N	D	A	L	O	J	A	D	I	O	I	P	Z	T
V	L	Q	E	C	Q	V	Z	R	K	T	X	T	P	Z	O
G	E	P	Z	O	I	T	U	B	Q	X	X	X	Z	K	J
Ĉ	S	V	C	C	B	U	B	L	R	T	E	Z	B	Z	K
S	A	H	J	R	K	Y	X	U	V	F	J	X	R	S	B
G	T	P	D	D	E	I	K	Z	Y	X	P	D	E	K	V
R	E	T	E	V	E	S	T	O	D	Q	J	N	A	S	V
D	D	Z	X	L	A	N	T	A	Ŭ	T	U	K	O	E	F
P	S	U	C	G	O	Q	P	A	N	T	A	L	O	N	O

VESTO
BRACELETO
ŜTRUMPETOJ
BLUZO
ĈEMIZO
ĈAPELO
MANTELO
ZONO
KOLIERO
JAKO
JUPO
ANTAŬTUKO
GANTOJ
SEVETER
MODO
PANTALONO
PIĴAMO
SANDALOJ
ŜUO
SKULO

88 - Arte

K	W	W	Z	R	I	X	K	C	S	O	T	X	D	V	S
O	T	K	E	J	B	U	S	E	O	I	Z	E	O	P	I
M	S	J	P	O	L	E	S	R	R	I	M	S	C	Z	M
P	U	F	O	Ĵ	E	S	K	A	I	N	Y	B	J	F	P
O	P	Z	R	A	W	P	U	M	G	S	V	D	O	N	L
N	E	I	T	R	G	R	L	I	I	P	O	F	O	L	A
A	R	M	R	T	H	I	P	K	N	I	Q	F	Q	J	O
D	R	H	E	N	O	M	T	O	A	R	B	Z	P	N	S
O	E	U	T	E	N	O	A	S	L	I	G	Q	N	J	P
R	A	M	U	P	E	L	Ĵ	K	A	T	F	H	I	N	Y
A	L	O	D	V	S	X	O	E	N	A	N	B	F	Y	P
H	I	R	O	T	T	B	J	L	O	K	D	S	S	A	B
P	S	O	P	Z	O	X	Z	P	S	L	G	I	Z	H	R
I	M	R	U	W	F	Q	V	M	R	Z	G	M	V	A	K
M	O	T	X	S	E	B	T	O	E	U	W	H	H	U	S
O	E	J	U	C	G	Q	S	K	P	U	R	N	X	I	E

CERAMIKO
KOMPLEKSO
KOMPONADO
PENTRAĴOJ
ESPRIMO
INSPIRITA
HONESTO
ORIGINALA
PERSONA
POEZIO
PORTRETU
SKULPTAĴO
SIMPLA
SIMBOLO
SUBJEKTO
SUPERREALISMO
HUMORO
VIDA

89 - Meteo

Ĉ	I	W	N	T	R	A	N	K	V	I	L	E	U	S	J
E	I	W	J	R	B	C	O	J	W	E	N	T	Y	L	C
O	R	E	F	S	O	M	T	A	V	Z	Q	V	Q	I	T
G	Z	S	L	G	K	T	A	L	O	B	C	Y	P	Y	R
U	F	H	R	A	J	H	S	F	F	J	Q	B	O	G	O
G	F	X	Q	T	R	I	U	N	E	S	D	F	O	L	P
F	I	H	Z	G	E	K	L	V	G	E	E	W	N	A	I
U	U	R	Q	C	Ĉ	M	O	H	U	M	I	D	A	C	K
G	N	L	N	R	I	T	P	D	O	B	U	N	G	I	A
U	F	I	M	Z	E	O	S	E	M	Q	D	U	A	O	J
B	O	P	W	O	L	R	E	G	R	X	J	X	R	C	M
Q	G	H	L	T	O	N	K	Y	O	A	D	N	U	E	K
N	H	G	N	N	E	A	A	L	T	H	T	H	X	K	N
H	M	N	X	E	M	D	O	G	Ŝ	Y	W	U	P	E	A
S	P	R	D	V	C	O	R	D	N	O	T	D	R	S	G
N	E	B	U	L	O	T	A	M	I	L	K	G	S	O	R

ĈIELARKO
SEKA
ATMOSFERO
TRANKVILE
ĈIELO
KLIMATO
FULMO
GLACIO
NEBULO
NUBO
POLUSA
SEKECO
TEMPERATURO
ŜTORMO
TORNADO
TROPIKA
TONDRO
HUMIDA
URAGANO
VENTO

90 - Corpo Umano

V	N	R	B	Y	O	R	G	N	I	F	G	O	C	V	X
P	Z	O	R	U	R	K	H	Z	M	N	T	R	E	A	R
D	W	V	V	T	O	T	U	B	U	K	K	A	R	S	Q
A	D	U	W	Ŝ	K	Q	E	L	I	D	C	D	B	U	K
S	A	N	G	O	U	N	E	G	O	Ŝ	U	B	O	S	A
R	M	L	E	A	O	L	O	E	L	A	M	A	N	O	A
P	H	A	T	O	P	T	T	E	E	H	E	A	F	K	Q
V	D	S	Y	W	A	N	V	R	R	R	E	H	X	A	F
O	W	X	T	L	K	U	V	G	O	W	S	S	R	M	H
Q	S	U	Y	V	F	B	M	I	W	G	V	N	E	O	X
G	R	T	U	X	Q	E	E	Z	Z	D	M	A	S	T	L
K	O	L	O	C	T	E	N	Z	D	A	L	Z	C	S	M
Y	X	Y	C	Y	C	N	T	L	T	Y	Ĝ	O	Y	I	B
Q	M	I	O	C	T	S	O	R	G	M	J	O	Q	B	G
K	D	W	P	K	Y	B	N	Q	Z	P	X	R	P	G	P
S	R	F	P	X	O	G	O	K	J	T	F	F	W	E	M

BUŜO
MALEOLO
CERBO
KOLO
KORO
FINGRO
VIZAĜO
KRURO
GENUO
KUBUTO
MANO
MENTONO
NAZO
OKULO
ORELO
SANGO
ŜULTRO
STOMAKO
KAPO

91 - Mammiferi

G	Z	R	Q	Q	B	B	H	Q	P	H	N	U	M	B	O
Z	O	R	B	E	Z	N	H	D	N	N	Q	U	U	I	P
S	T	R	S	V	G	N	B	N	U	R	S	O	P	U	L
X	D	P	I	N	F	L	V	T	X	L	W	N	F	D	U
S	K	M	O	L	Y	C	U	E	L	C	O	O	I	A	V
C	E	R	V	O	O	D	T	X	C	L	L	E	K	G	Ŝ
N	V	C	B	A	L	E	N	O	T	A	K	L	T	Q	J
T	I	Ĉ	E	V	A	L	O	I	Ĝ	S	I	M	I	O	R
Z	R	V	E	E	R	N	R	A	I	M	N	L	G	T	U
C	B	M	W	J	G	L	E	E	R	C	U	S	U	N	J
K	O	T	O	J	O	K	V	N	A	G	K	O	S	A	F
D	V	I	M	M	E	A	M	Z	F	Z	Y	K	U	F	H
P	O	U	R	U	G	N	A	K	O	Q	G	M	Y	E	U
N	F	N	Y	X	W	C	K	Z	G	V	O	A	H	L	N
B	B	T	O	C	Z	Q	B	J	O	N	E	F	L	E	D
E	H	U	N	V	O	Z	F	D	B	U	D	B	U	L	O

BALENO
HUNDO
KANGURUO
ĈEVALO
CERVO
KUNIKLO
KOJOTO
DELFENO
ELEFANTO
KATO

ĜIRAFO
GORILO
LEONO
LUPO
URSO
ŜAFO
SIMIO
VIRBOVO
VULPO
ZEBRO

92 - Cucina

K	P	Q	O	Z	O	O	N	K	K	E	D	T	H	D	B
C	U	N	A	L	Q	A	K	O	M	E	P	A	H	R	U
T	B	L	X	N	M	Z	B	P	M	Q	Q	S	K	K	Ŝ
K	T	M	E	L	S	K	C	I	T	S	P	O	H	C	T
A	S	G	S	R	A	Z	J	Z	H	O	K	J	D	A	U
L	D	R	I	R	O	J	U	T	S	O	R	F	V	N	K
D	B	I	S	W	T	J	Ĉ	Z	V	Z	O	F	V	T	O
R	B	L	B	P	P	O	K	E	Z	A	J	Z	D	A	Ĉ
O	S	O	K	F	E	L	Y	Y	R	V	U	L	L	Ŭ	U
N	P	O	S	J	C	I	F	A	Q	P	D	N	W	T	R
O	O	Ĝ	P	O	E	Ĉ	T	U	L	I	I	O	E	U	K
L	N	N	O	T	R	N	O	W	X	R	R	L	Q	K	W
V	G	A	R	U	S	A	S	Q	R	C	F	R	O	O	M
O	O	M	J	O	K	R	O	F	M	J	H	M	C	I	W
B	H	H	L	P	F	T	R	G	V	M	G	J	V	Z	M
L	Q	B	V	B	F	V	N	C	S	P	E	C	O	J	D

CHOPSTICKS
KALDRONO
KRUĈO
MANĜO
BOVLO
TRANĈILOJ
FROSTUJO
KULEROJ
FORKOJ
FORNO
FRIDUJO
ANTAŬTUKO
GRILO
ĈERPILO
RECEPTO
SPECOJ
SPONGO
TASOJ
BUŜTUKO
VAZO

93 - Giardinaggio

F	E	R	S	P	E	C	I	O	B	S	F	K	X	K	T
L	J	K	Q	J	J	S	T	F	O	E	K	L	P	M	E
O	I	L	O	F	L	G	X	O	T	M	L	Z	O	X	X
R	H	U	M	I	D	O	W	L	A	O	I	M	L	R	A
O	T	S	O	P	M	O	K	I	N	J	M	H	U	V	A
M	A	N	Ĝ	E	B	L	A	O	I	P	A	F	R	D	T
V	W	V	V	S	E	A	T	J	K	L	T	H	T	E	A
J	S	V	B	A	K	V	O	S	O	H	O	T	N	F	B
P	G	N	D	G	N	J	Z	P	S	H	E	Y	W	R	P
U	U	N	B	Y	M	B	K	Q	L	E	A	A	F	H	D
C	J	C	O	B	B	H	E	K	H	B	Z	M	H	P	R
H	O	Ĵ	A	R	U	P	L	A	M	V	P	O	V	M	Y
O	J	Y	O	H	Q	K	V	X	Z	B	Q	G	N	O	H
X	Q	O	D	J	R	T	E	Y	G	X	Q	R	V	A	U
L	F	D	M	F	T	O	O	D	M	W	U	O	P	Q	C
K	Z	Z	F	Z	L	X	Y	C	O	G	W	H	U	X	K

AKVO
BOTANIKO
KLIMATO
MANĜEBLA
KOMPOSTO
UJO
EKZOTA
FLORO
FLORA
FOLIO
FOLIOJ
BUKEDO
SEMOJ
SPECIO
MALPURAĴO
SEZONA
TRULO
HOSO
HUMIDO

94 - Universo

A	K	K	I	F	J	W	Q	T	B	V	L	T	S	P	T
F	S	J	O	M	U	L	L	A	M	I	A	E	E	C	S
G	L	T	A	S	W	H	K	P	J	D	T	L	N	X	H
L	H	S	E	O	M	L	K	H	J	E	I	E	O	V	Q
H	M	E	X	R	X	A	A	D	M	B	T	S	T	C	H
M	U	E	E	E	O	X	O	S	G	L	U	K	N	H	L
S	U	N	A	F	L	I	Q	J	T	E	D	O	O	A	V
T	E	I	L	S	M	Y	D	A	Q	R	O	P	Z	K	O
B	K	Q	E	I	K	O	X	O	C	U	O	O	I	V	R
Ĉ	V	O	I	M	O	N	O	R	T	S	A	N	R	T	E
I	A	R	Ĉ	E	Z	O	D	I	A	K	O	R	O	P	F
E	T	B	D	H	G	Y	M	P	M	Q	M	W	H	M	S
L	O	I	L	U	N	O	I	S	K	A	L	A	G	C	O
O	R	T	V	Y	V	R	Z	O	I	S	U	M	M	C	M
Z	O	O	C	I	T	S	L	O	S	G	U	V	Y	Q	T
K	O	G	F	I	D	I	N	O	L	F	A	W	P	K	A

ASTEROIDO
ASTRONOMIO
ASTRONOMO
ATMOSFERO
MALLUMO
ĈIELA
ĈIELO
KOSMA
HEMISFERO
EKVATORO
GALAKSIO
LATITUDO
LUNO
ORBITO
HORIZONTO
SUNA
SOLSTICO
TELESKOPO
VIDEBLE
ZODIAKO

95 - Jazz

G	K	P	K	N	C	U	I	L	B	M	R	R	Z	J	M
C	P	F	Z	O	L	I	T	S	J	Y	O	I	P	Z	E
V	N	P	G	T	M	N	Y	M	J	O	T	A	T	A	Ŝ
T	N	R	H	R	A	P	A	R	T	I	S	T	O	M	U
O	Q	U	A	E	V	P	O	T	N	A	K	E	K	A	O
Q	F	S	A	C	O	Z	L	N	L	V	S	D	I	F	T
K	N	F	B	N	N	V	K	A	I	O	D	V	N	W	N
O	Z	I	V	O	R	P	M	I	Ŭ	S	Z	M	K	O	E
X	A	D	R	K	A	L	H	N	A	D	T	F	E	D	L
K	O	M	P	O	N	A	D	O	L	R	O	O	T	S	A
O	M	A	L	N	O	V	A	A	B	K	Z	J	E	U	T
G	M	W	W	H	I	J	F	N	U	B	A	I	Y	H	R
C	B	G	S	S	L	O	P	F	M	Y	F	K	J	W	T
K	Y	A	C	I	B	C	D	R	O	D	M	K	X	H	Y
M	U	Z	I	K	O	S	O	R	T	S	E	K	R	O	X
V	A	R	O	S	U	B	Y	C	W	P	N	N	P	T	T

ALBUMO
APLAŬDOJ
ARTISTO
KANTO
KOMPONISTO
KOMPONADO
KONCERTO
EMFAZO
FAMA
VARO

IMPROVIZO
MUZIKO
NOVA
ORKESTRO
ŜATATOJ
RITMO
STILO
TALENTO
TEKNIKO
MALNOVA

96 - Vacanze #2

H	J	P	U	H	N	F	E	T	P	O	O	I	I	Q	F
S	O	T	R	O	P	S	A	P	L	W	U	N	W	Z	R
K	T	T	I	Q	V	V	Z	C	A	U	J	S	X	J	E
A	O	D	E	U	R	F	I	C	Ĝ	D	W	U	A	U	M
S	F	R	N	L	V	F	V	I	O	U	H	L	O	J	D
O	D	A	T	R	O	P	S	N	A	R	T	O	W	H	U
D	T	Z	F	G	O	N	E	V	A	H	G	U	L	F	L
N	Q	A	B	F	T	N	I	Q	O	R	A	E	B	Y	O
E	Z	P	K	S	N	A	D	T	J	T	F	Z	Z	P	A
T	X	P	C	S	N	F	V	P	S	X	F	E	R	I	O
H	F	J	H	H	I	S	U	U	Q	E	O	W	H	C	N
V	O	J	A	Ĝ	O	O	P	C	F	E	D	Y	R	C	J
M	T	M	A	P	O	I	C	A	R	O	T	S	E	R	A
V	W	M	A	R	O	T	E	N	D	U	M	A	D	O	R
L	I	B	E	R	T	E	M	P	O	W	K	M	U	A	T
V	R	A	V	A	Q	A	E	J	E	L	T	S	F	R	X

FLUGHAVENO
TENDUMADO
DESTINO
FOTOJ
HOTELO
INSULO
MAPO
MARO
PASPORTO
RESTORACIO
PLAĜO
FREMDULO
TAKSIO
LIBERTEMPO
TENDO
TRANSPORTADO
TRAJNO
FERIO
VOJAĜO
VIZA

97 - Attività

P	L	I	B	E	R	T	E	M	P	O	E	F	P	X	E
V	L	Z	L	M	H	P	O	I	J	Z	E	I	O	D	H
A	B	E	J	K	B	D	I	C	S	U	X	Ŝ	S	T	N
Q	B	B	Z	U	H	P	G	O	E	B	O	K	A	P	Q
C	H	O	N	U	U	F	A	P	V	V	Ĝ	A	C	W	L
D	E	D	Z	Y	R	J	M	J	A	R	I	P	C	I	E
A	A	A	R	T	O	O	D	A	S	A	Ĉ	T	Z	N	G
L	K	N	F	T	T	E	H	H	D	T	E	A	K	W	A
T	P	E	C	A	O	N	L	Z	M	Z	R	D	O	A	D
I	E	D	M	O	F	I	R	D	U	K	T	O	W	V	O
G	Z	R	G	R	I	G	I	V	X	C	S	Y	H	I	A
A	P	A	C	O	Y	M	S	S	R	F	L	V	R	E	L
N	W	Ĝ	P	Q	J	O	I	T	E	M	A	M	S	C	Z
T	L	E	R	T	O	J	O	D	U	L	M	K	O	Q	Q
A	L	P	U	T	E	N	D	U	M	A	D	O	Q	G	Q
C	E	R	A	M	I	K	O	I	E	I	R	Q	A	F	V

LERTO
ARTO
METIOJ
AKTIVECO
ĈASADO
TENDUMADO
CERAMIKO
KUDRI
DANCO
ALTIGANTA
FOTO
ĜARDENADO
LUDOJ
LEGADO
MAGIO
FIŜKAPTADO
PLEZURO
ENIGMOJ
MALSTREĈIĜO
LIBERTEMPO

98 - Diplomazia

I	K	E	O	R	O	D	A	S	A	B	M	A	F	Q	J
K	N	U	F	Z	E	G	U	B	Y	S	O	L	V	O	U
O	L	T	N	D	E	Z	C	R	S	N	K	C	A	G	S
N	K	J	E	L	V	J	O	N	A	T	I	V	I	C	T
S	O	F	B	G	A	Z	U	L	I	D	K	K	T	P	E
I	N	I	Y	J	R	B	J	R	U	Q	N	F	A	O	C
L	F	G	I	O	P	E	O	A	N	C	U	X	M	L	O
A	L	F	N	G	J	F	C	R	W	D	I	W	O	I	L
N	I	E	T	I	K	O	V	O	O	I	P	O	L	T	S
T	K	L	Z	E	V	G	O	N	S	S	Z	B	P	I	E
O	T	A	T	K	A	R	T	H	G	K	Z	R	I	K	K
D	O	R	A	T	S	I	G	E	R	U	B	U	D	O	U
I	U	Y	C	I	V	I	T	A	V	T	C	D	Y	H	R
Z	A	M	B	A	S	A	D	O	S	O	F	R	V	W	E
Y	N	X	D	H	U	M	A	N	I	T	A	R	O	J	C
D	J	M	Q	O	O	K	O	M	U	N	U	M	O	F	O

AMBASADO
AMBASADORO
CIVITANOJ
CIVITA
KOMUNUMO
KONFLIKTO
KONSILANTO
KUNLABORO
DIPLOMATIA
DISKUTO
ETIKO
JUSTECO
REGISTARO
INTEGRECO
POLITIKO
REZOLUCIO
SEKURECO
SOLVO
TRAKTATO
HUMANITARO

99 - Forniture Artistiche

R	T	A	G	O	A	K	V	A	R	E	L	O	J	F	O
A	V	Z	J	J	U	J	V	J	O	N	O	J	A	R	K
A	P	F	Y	F	C	V	R	O	B	L	L	P	Z	R	O
N	X	H	Q	E	B	L	U	E	R	O	I	K	R	Q	R
B	O	Q	W	F	W	N	Q	D	A	V	T	G	E	S	Q
X	Q	S	D	O	P	U	S	I	K	Y	O	Z	R	C	W
T	A	B	L	O	V	A	E	R	K	G	F	V	A	A	N
E	K	Z	O	K	Z	Z	Ĝ	J	O	L	E	T	S	A	P
S	O	T	Y	I	W	I	O	O	F	U	M	H	E	Q	V
T	L	F	A	L	H	I	N	L	J	O	S	O	R	B	I
A	O	V	X	I	I	C	A	E	O	I	G	L	F	V	C
B	R	Z	T	R	G	I	I	O	P	A	P	E	R	O	C
L	O	V	F	K	Y	O	N	V	B	H	O	F	Y	D	T
O	J	K	U	A	T	L	W	K	H	Q	R	G	K	Z	R
Q	E	O	F	U	V	A	X	A	O	J	U	B	G	P	U
H	U	A	H	G	I	Y	A	L	C	R	J	N	Q	I	E

AKVO
AKVARELOJ
AKRILIKO
ARGILO
KARBO
PAPERO
ESTABLO
GLUO
KOLOROJ
KREAVO
ERASER
IDEOJ
INKO
KRAJONOJ
OLEO
PASTELOJ
SEĜO
BROSOJ
TABLO
FOTILO

100 - Misurazioni

E	M	G	O	G	V	G	E	J	Z	F	V	D	A	Y	J
V	S	R	B	W	P	G	N	A	X	N	C	L	H	T	S
H	D	A	T	K	I	L	O	G	R	A	M	O	D	U	V
F	K	D	P	S	J	A	T	L	C	E	E	F	H	R	I
B	H	O	T	K	I	P	R	O	F	U	N	D	O	X	M
U	A	D	Y	A	U	U	K	M	G	O	B	H	R	O	G
A	R	J	N	L	L	V	C	E	T	R	L	E	T	D	L
L	M	T	T	K	L	K	Q	T	P	T	A	P	I	Q	D
T	I	O	A	O	C	A	J	R	S	E	I	M	L	S	E
O	N	U	T	Z	S	G	R	O	O	M	U	L	O	V	C
T	U	L	A	E	Y	U	W	Ĝ	J	O	K	R	X	R	I
G	T	X	Q	P	C	R	L	K	O	L	M	A	S	O	M
B	O	C	X	W	O	R	T	E	M	I	T	N	E	C	A
M	Z	R	B	J	L	C	M	Q	P	K	U	N	C	O	L
R	Y	M	F	Q	O	A	E	M	C	V	F	A	R	B	A
L	O	N	G	O	T	O	U	K	B	Y	G	D	R	H	S

ALTO
BAJTO
CENTIMETRO
KILOGRAMO
KILOMETRO
DECIMALA
GRADO
GRAMO
LARĜO
LITRO
LONGO
MASO
METRO
MINUTO
UNCO
PEZO
COLO
PROFUNDO
TUNO
VOLUMO

1 - Salute e Benessere #2

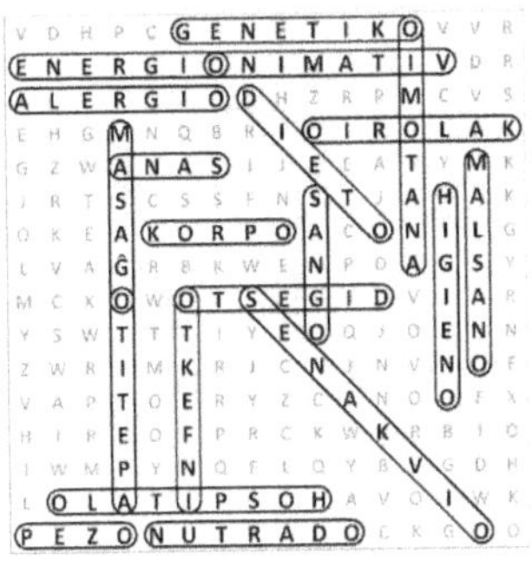

2 - Aggettivi #2

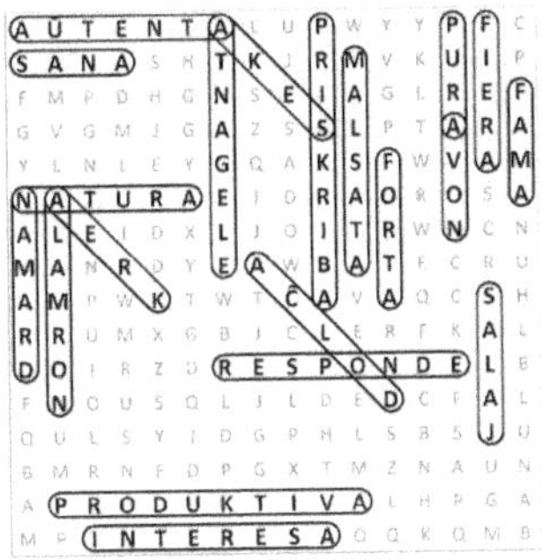

3 - Pesca

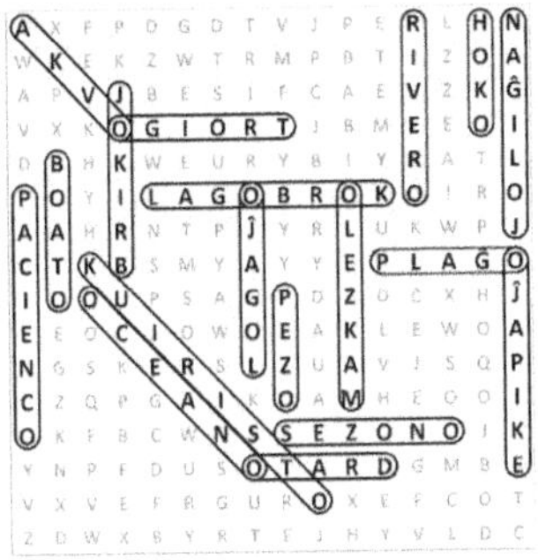

4 - Ingegneria

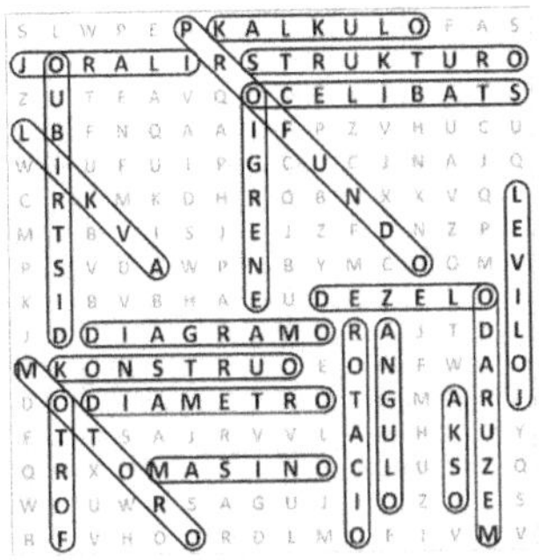

5 - Archeologia

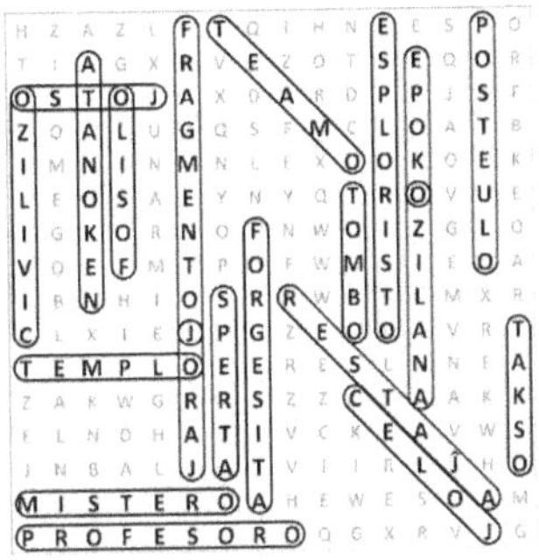

6 - Salute e Benessere #1

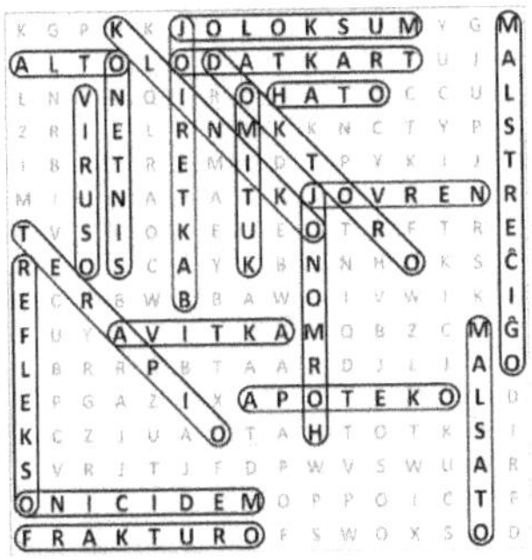

7 - Aggettivi #1

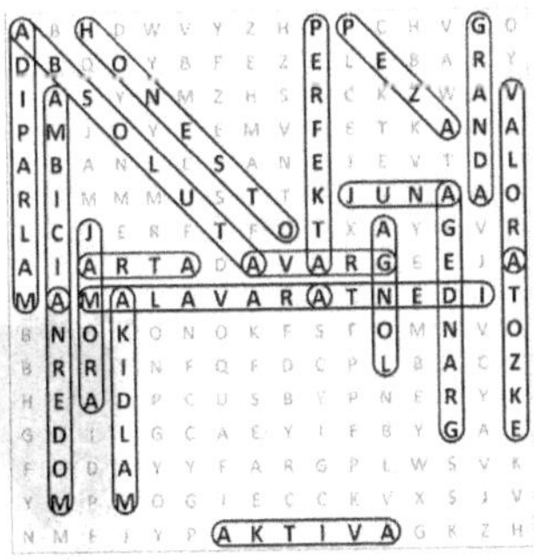

8 - Geologia

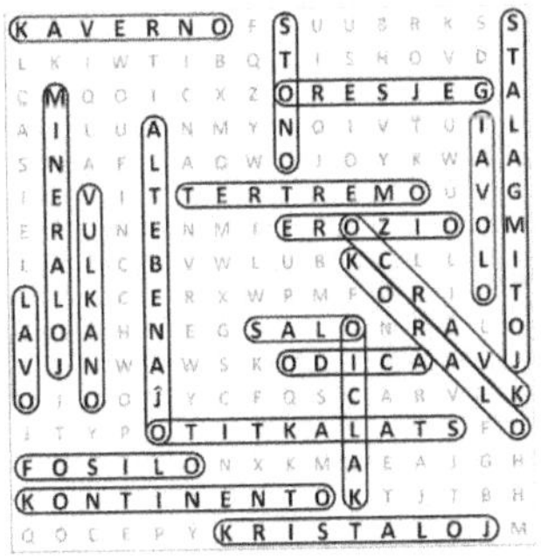

9 - Campeggio

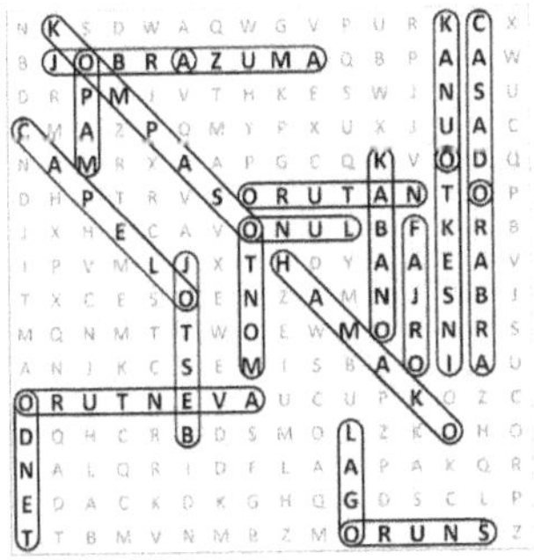

10 - Arti Visive

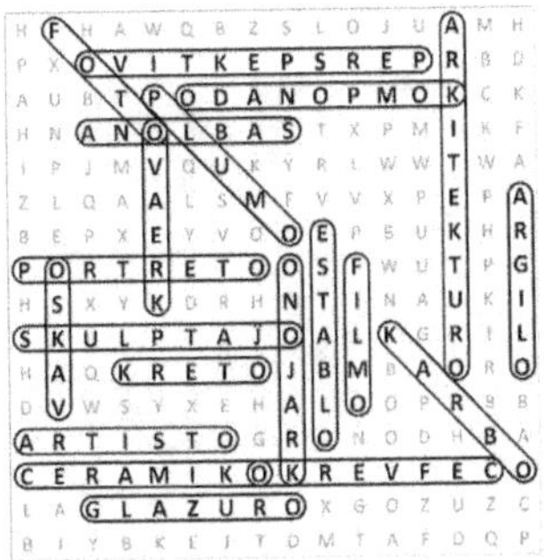

11 - Tempo

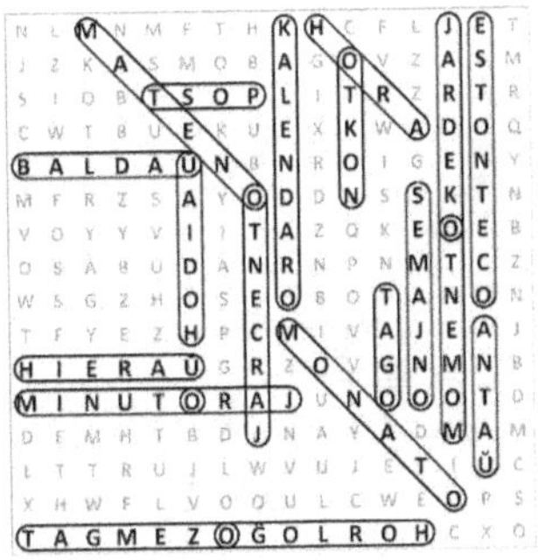

12 - Astronomia

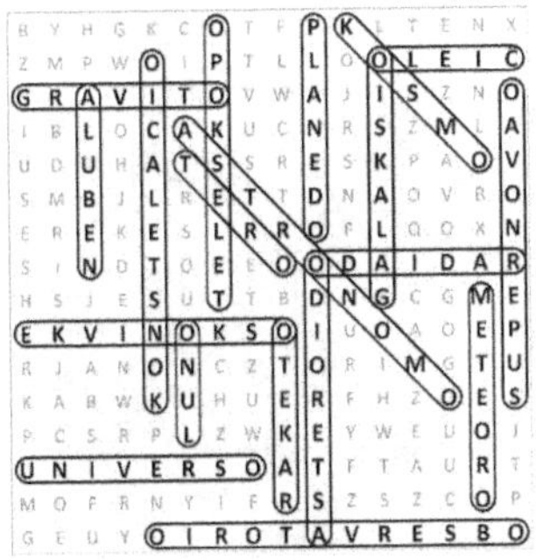

13 - Algebra

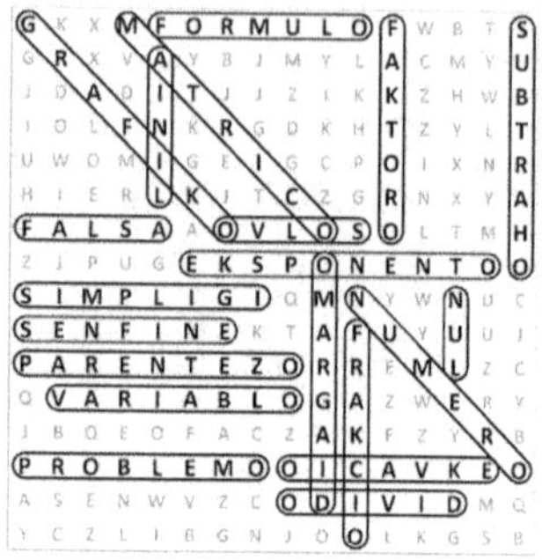

14 - Mitologia

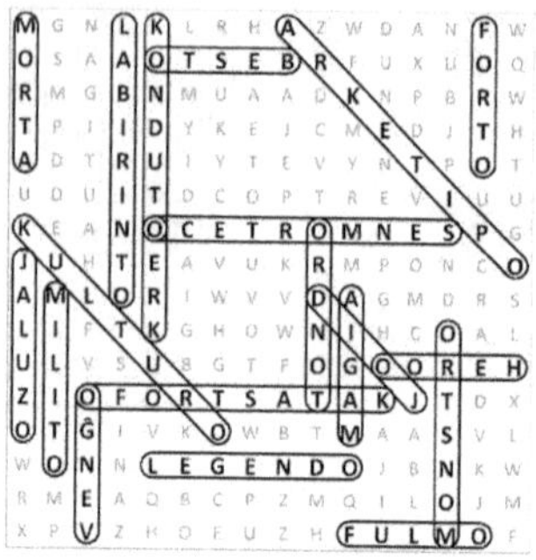

15 - Piante

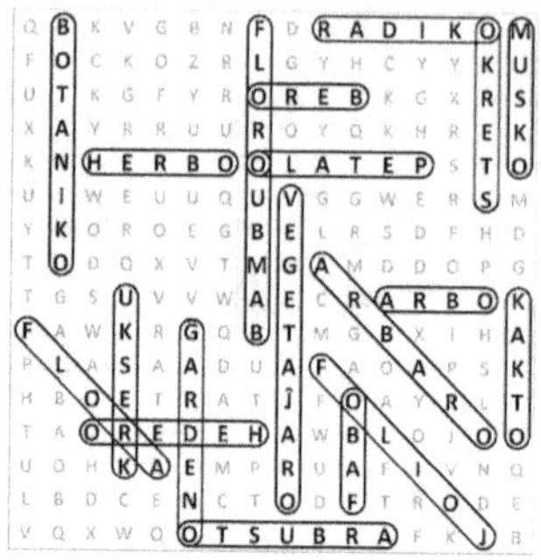

16 - Spezie

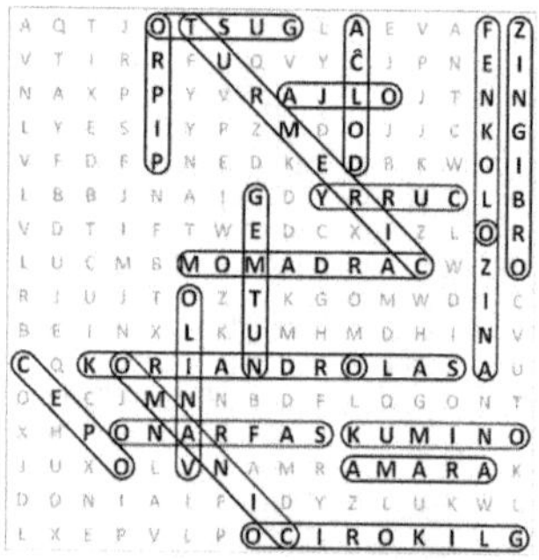

17 - Numeri

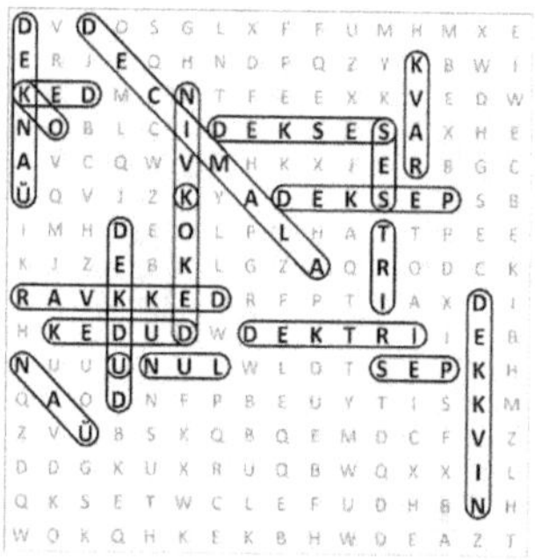

18 - Immigrazione

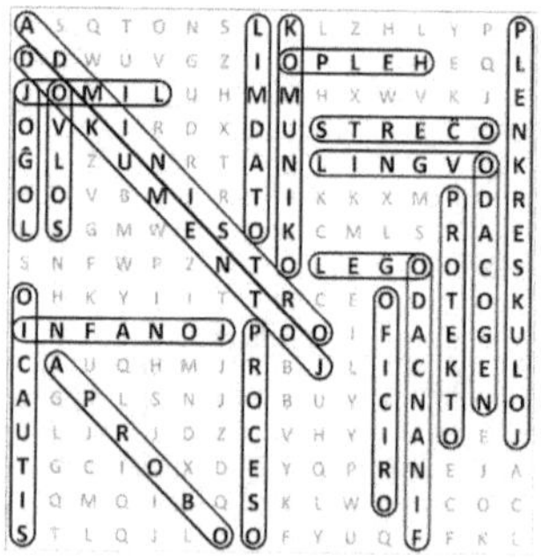

19 - Guida

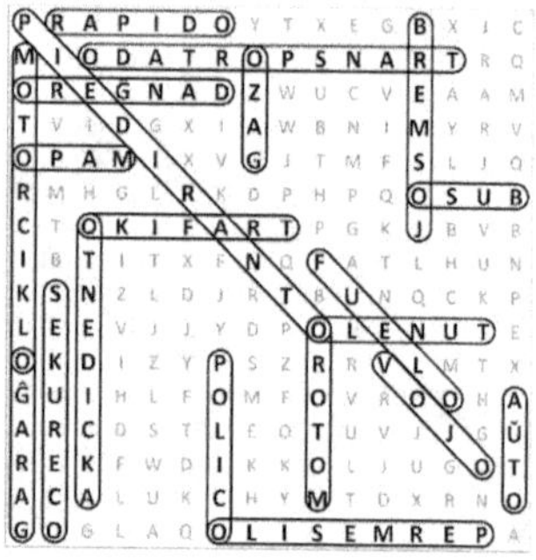

20 - I Media

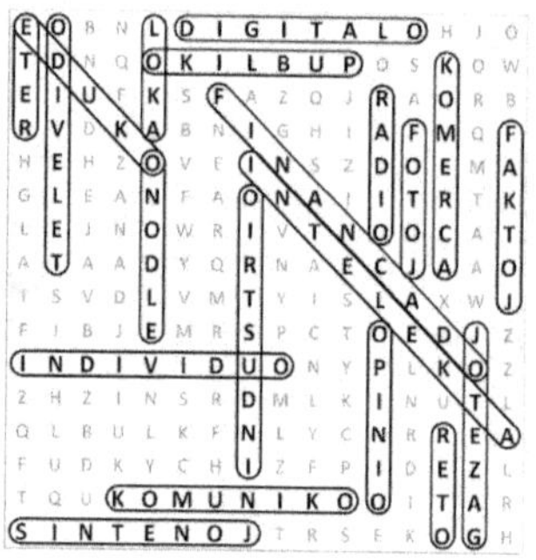

21 - Forza e Gravità

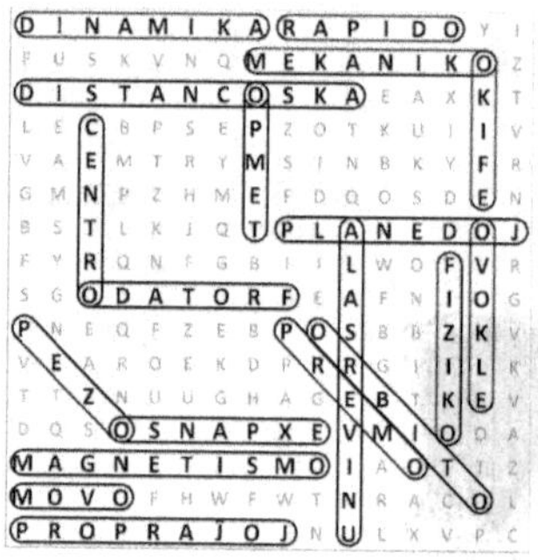

22 - Uccelli

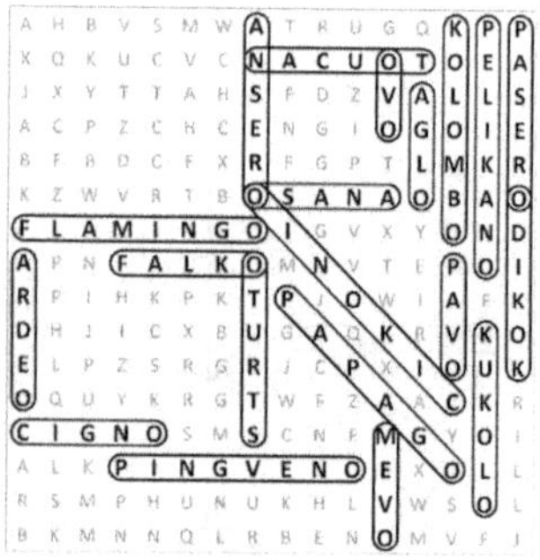

23 - Giorni e Mesi

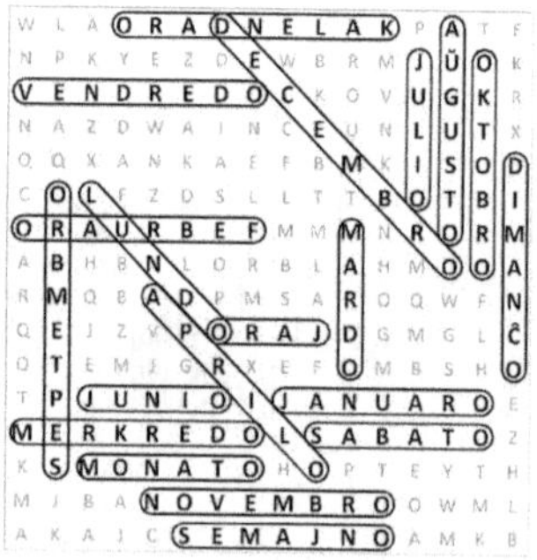

24 - Casa

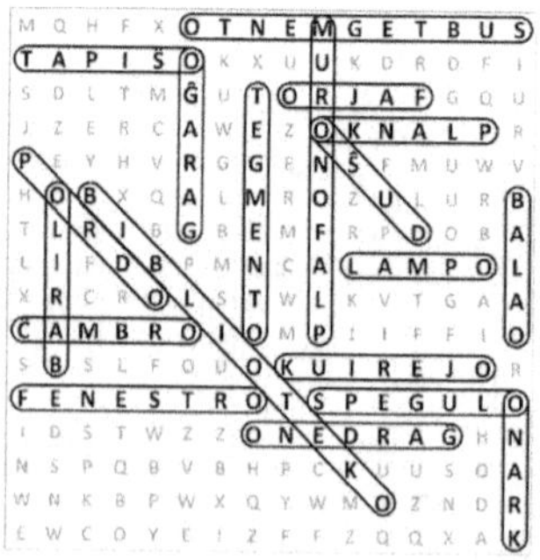

25 - Fantascienza

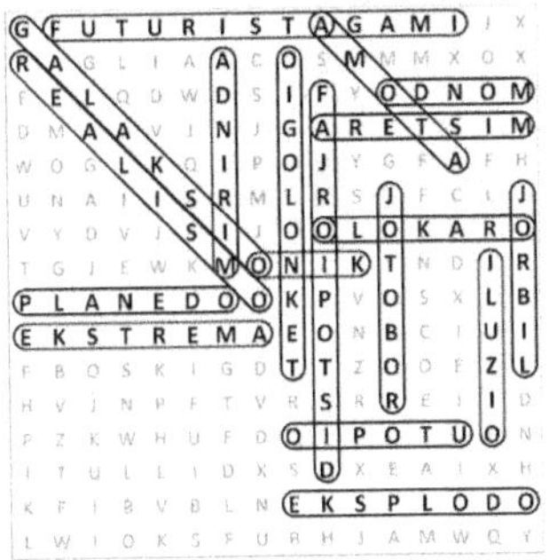

26 - Città

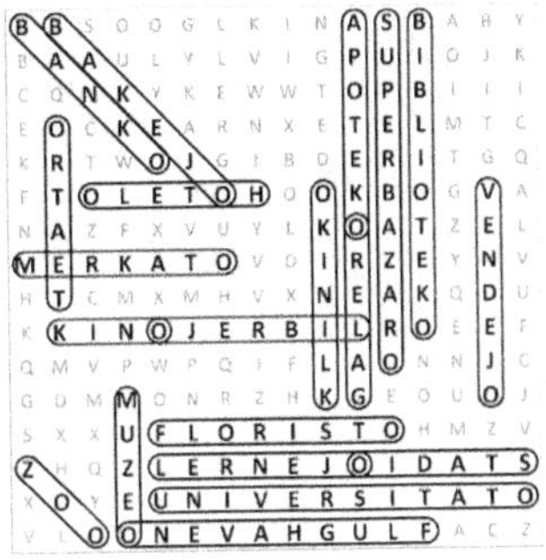

27 - Fattoria #1

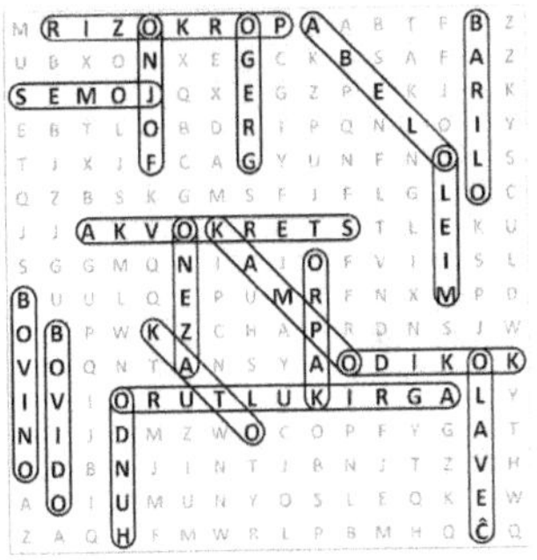

28 - Psicologia

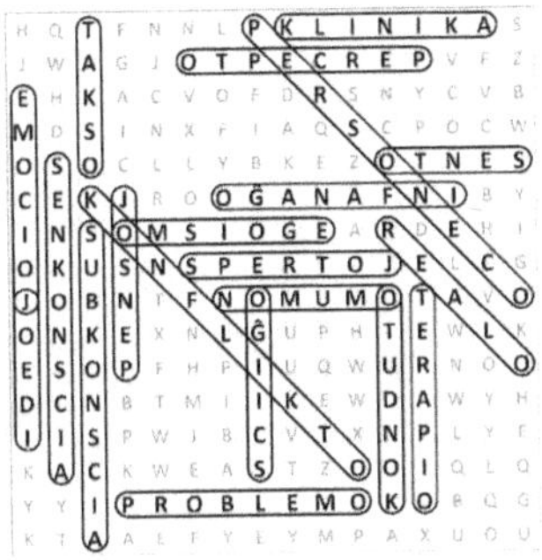

29 - Paesaggi

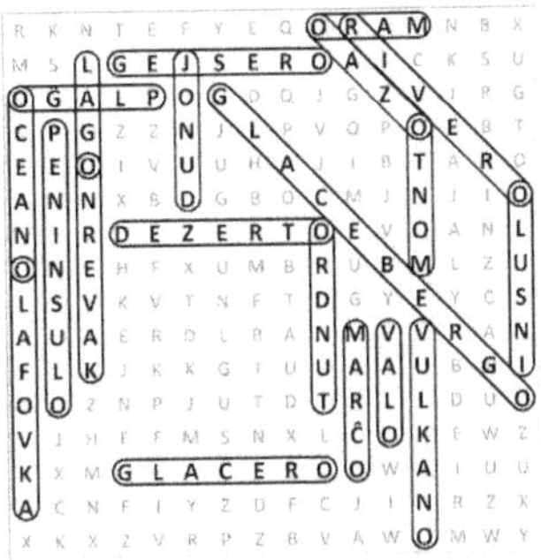

30 - Energia

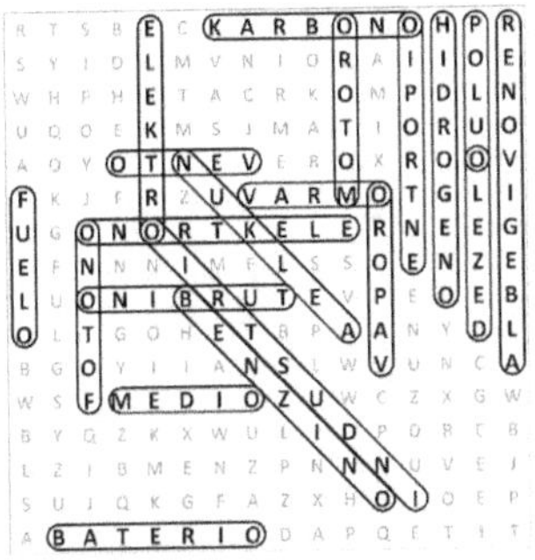

31 - Ristorante #2

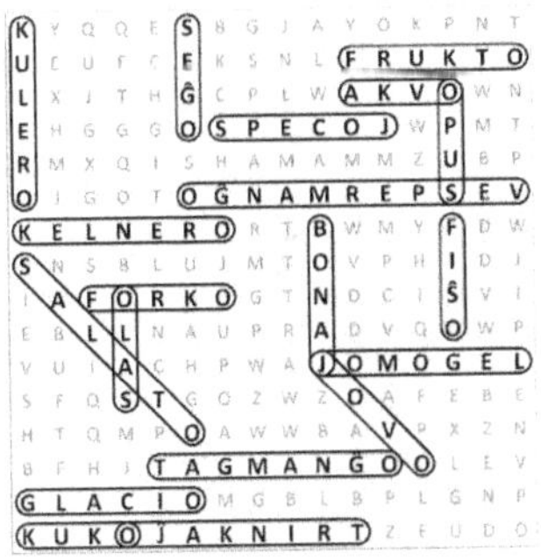

32 - Moda

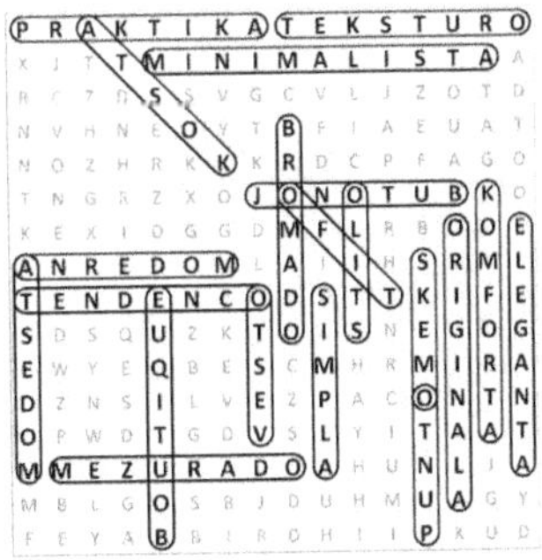

33 - L'Azienda

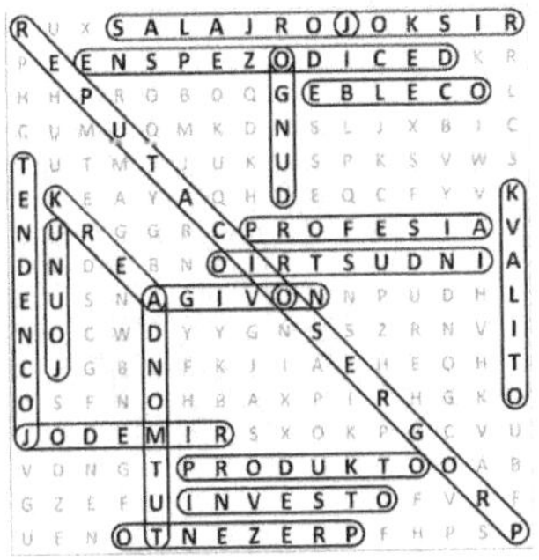

34 - Giardino

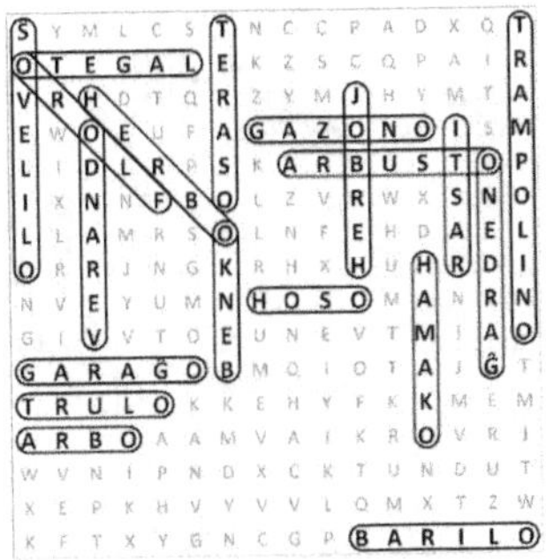

35 - Riscaldamento Gl

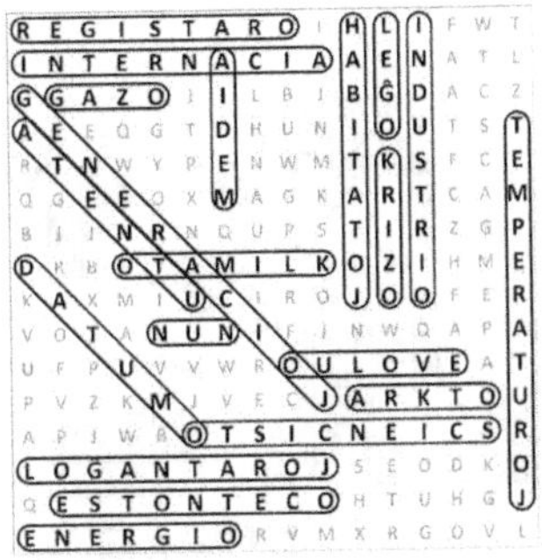

36 - Frutta

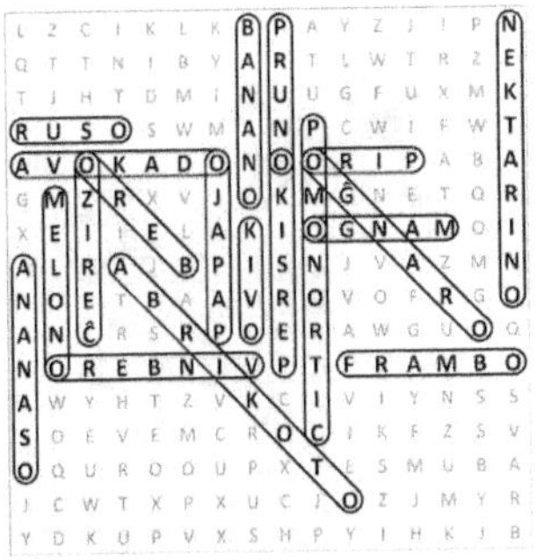

37 - Fattoria #2

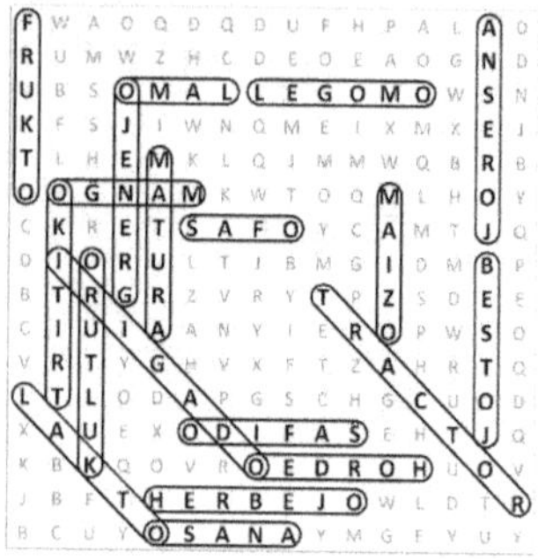

38 - Verdure

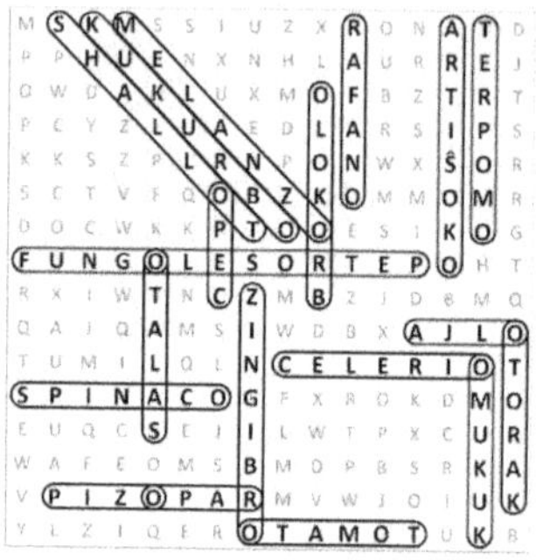

39 - Musica

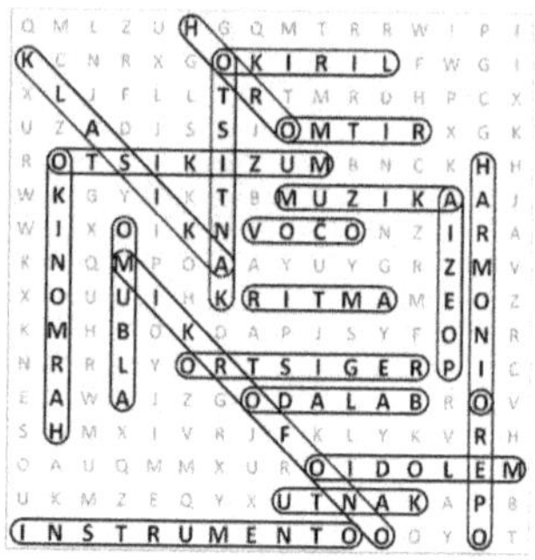

40 - Barbecue

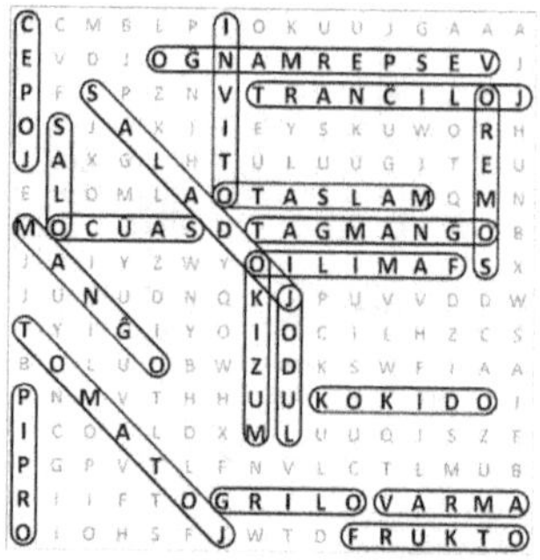

41 - Fisica

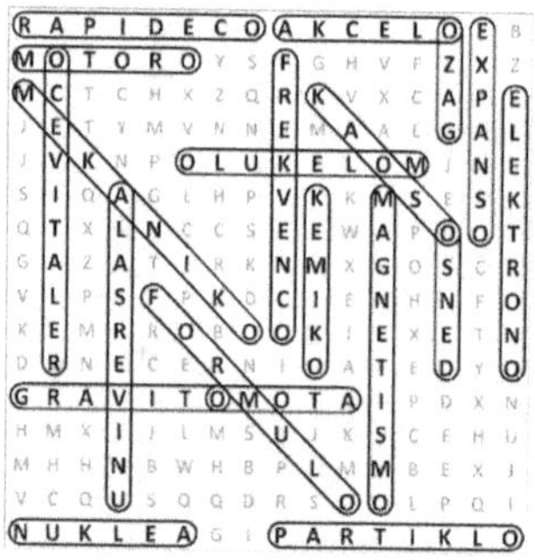

42 - Agronomia

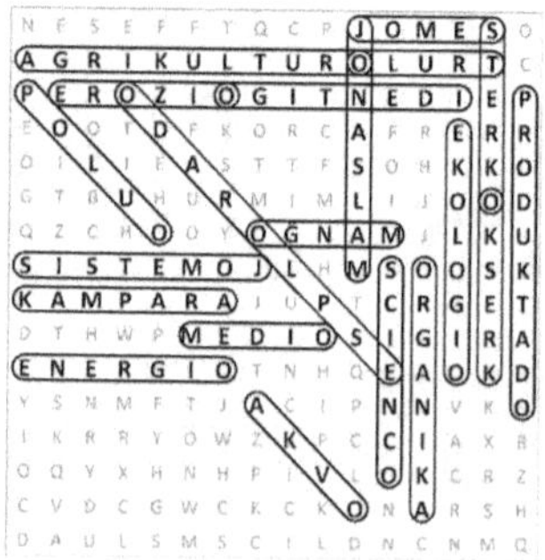

43 - Erboristeria

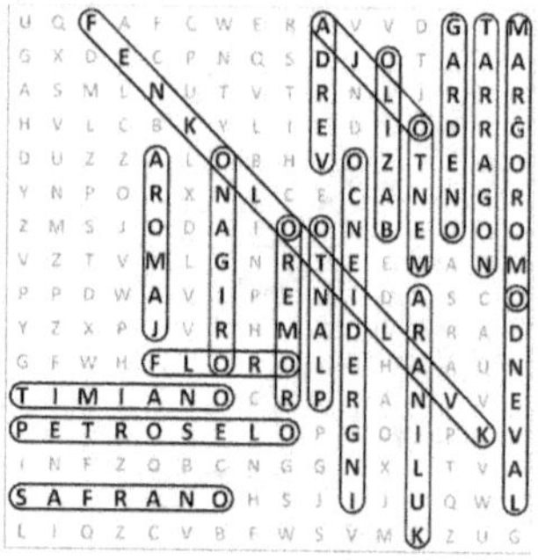

44 - Danza

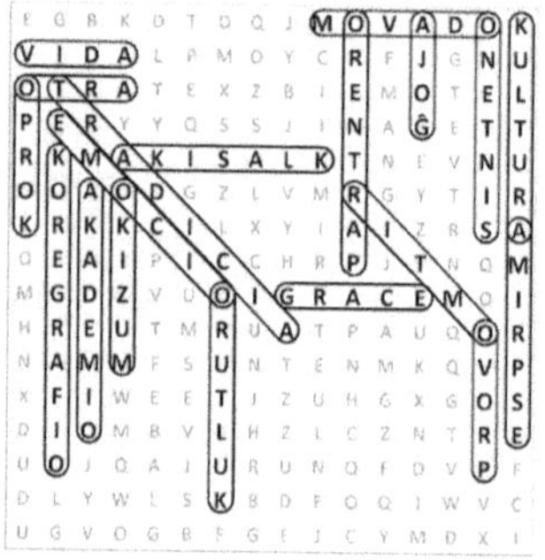

45 - Biologia

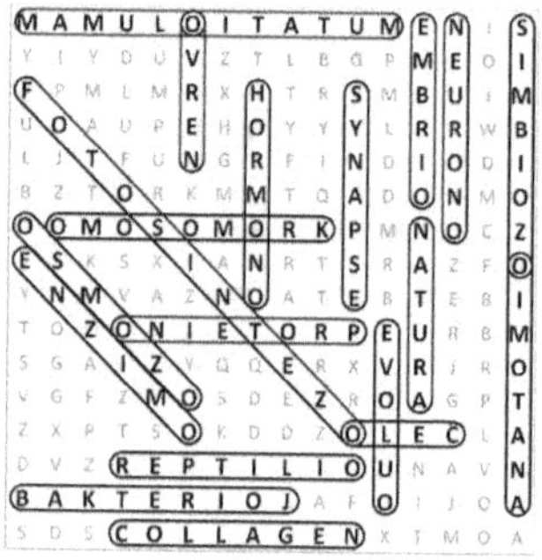

46 - Attività Commerciale

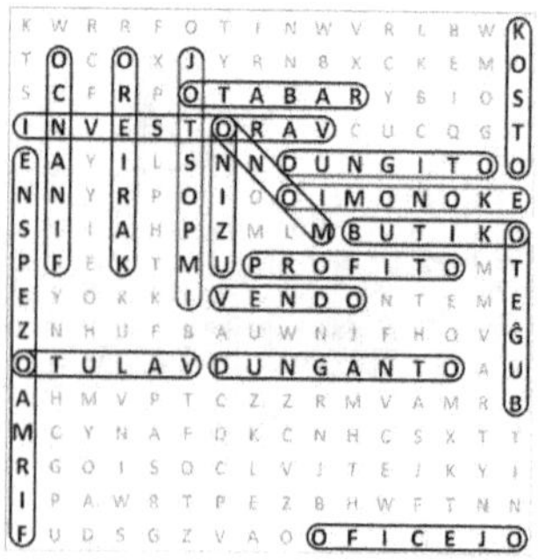

47 - Filantropia

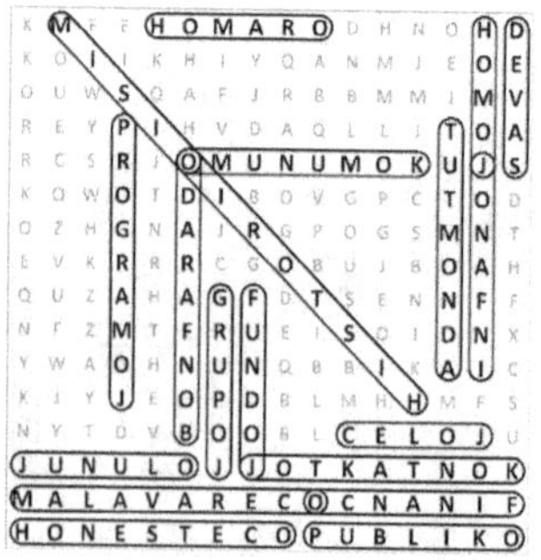

48 - Ecologia

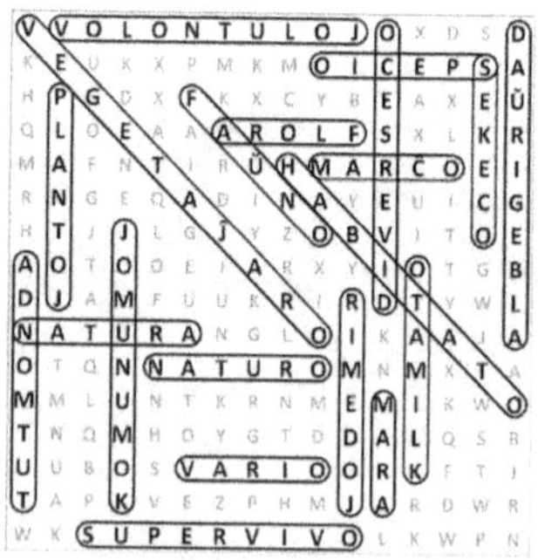

49 - Discipline Scientifiche

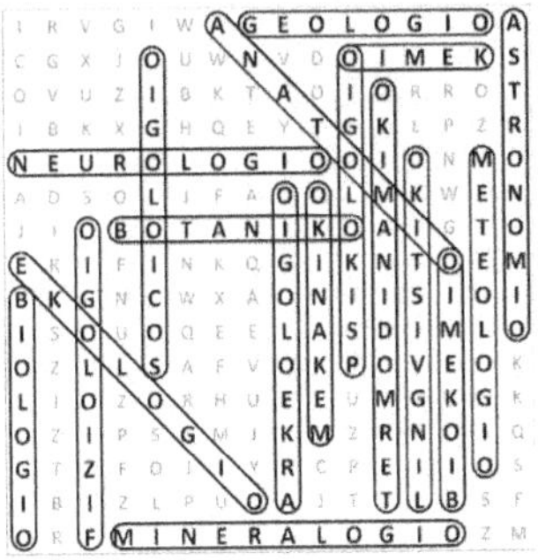

50 - Scienza

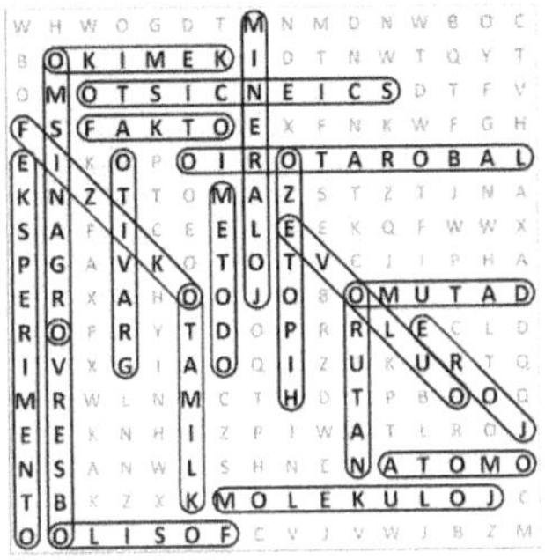

51 - Imbarcazioni

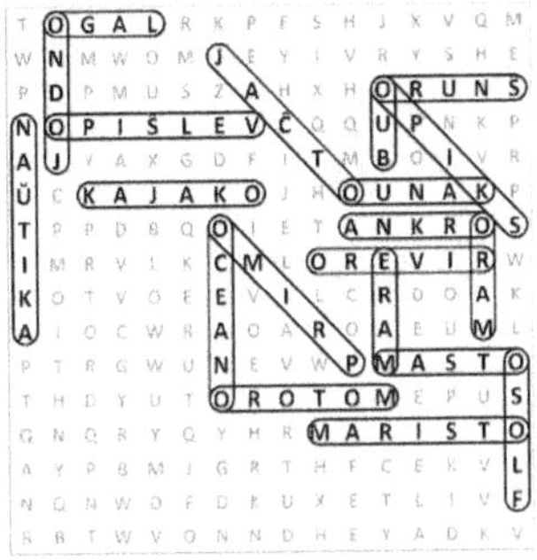

52 - Chimica

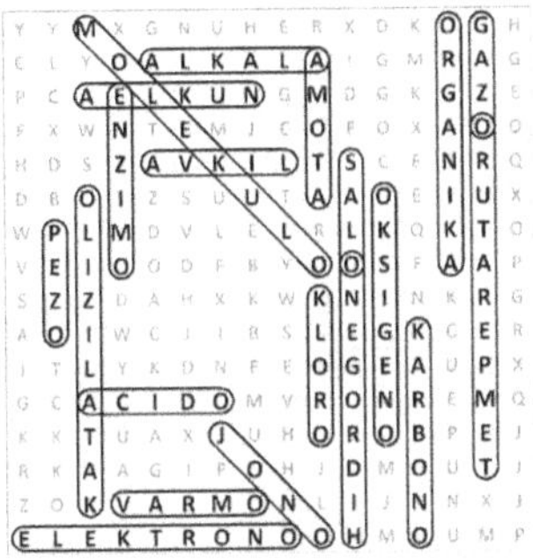

53 - Api

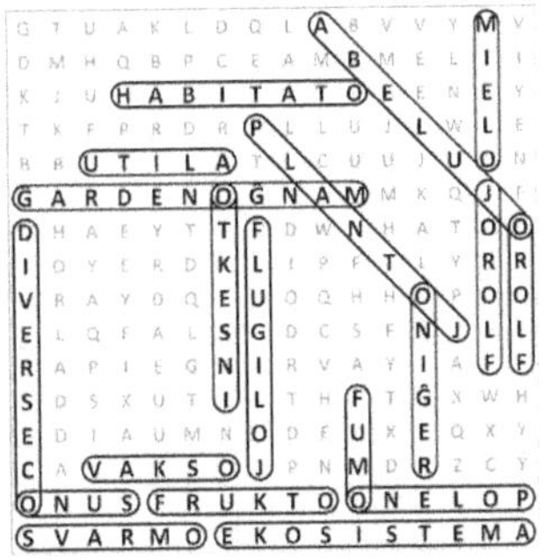

54 - Professioni #2

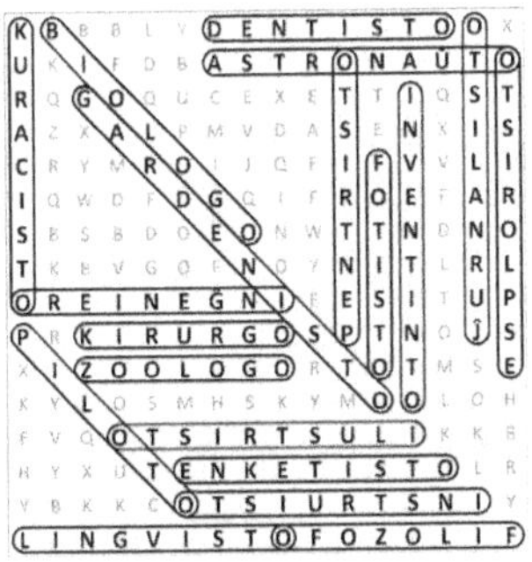

55 - Letteratura

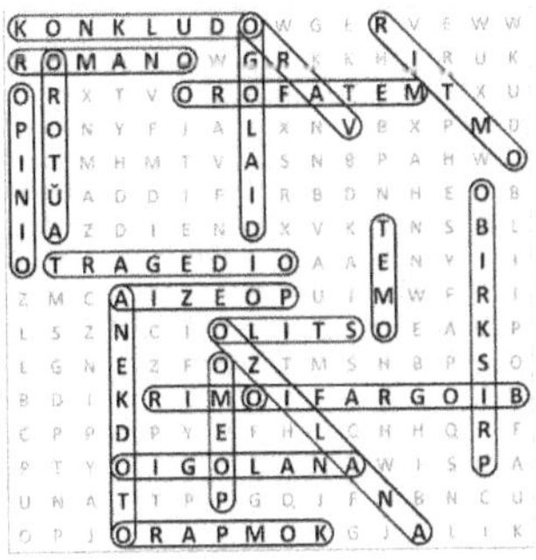

56 - Cibo #2

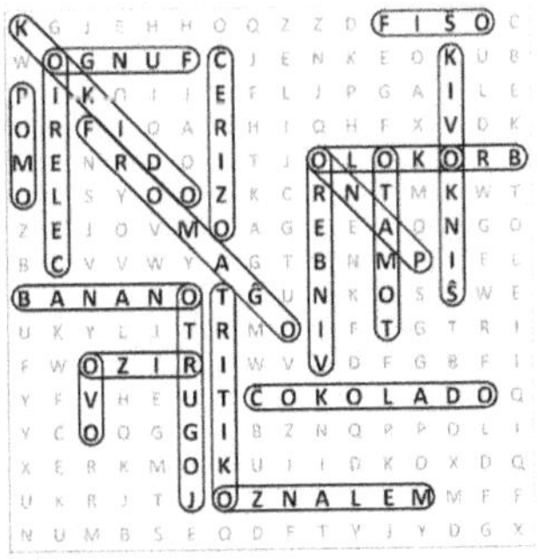

57 - Nutrizione

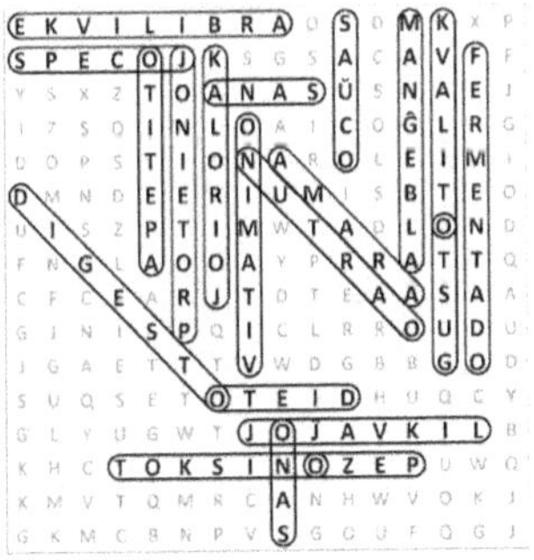

58 - Matematica

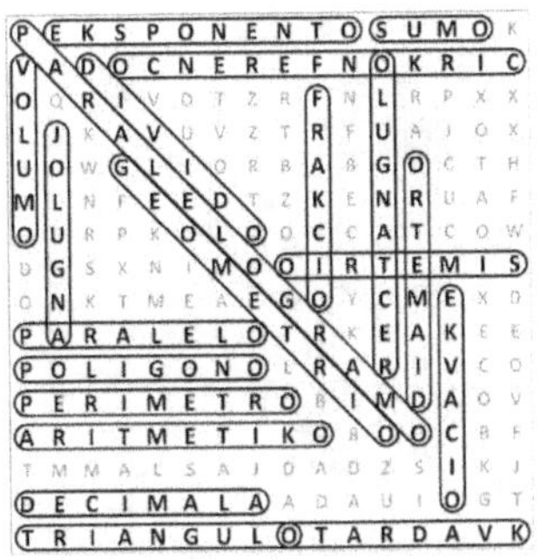

59 - Meditazione

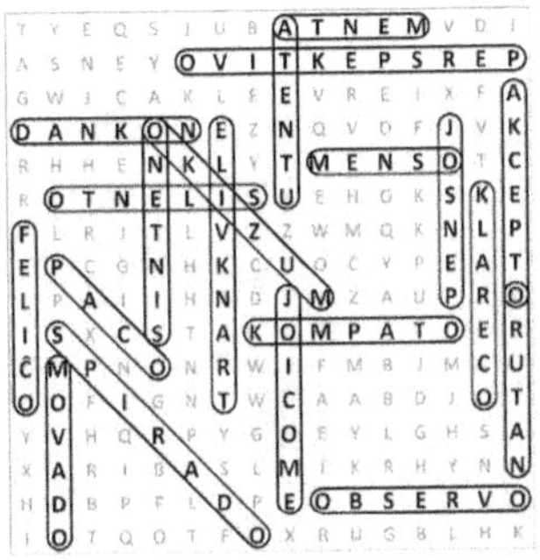

60 - Elettricità

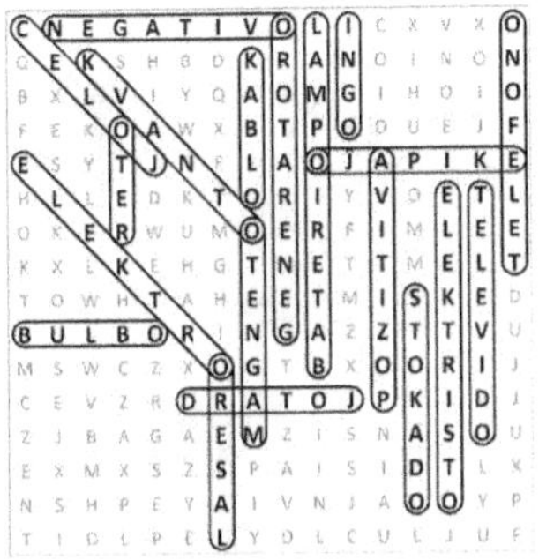

61 - Antiquariato

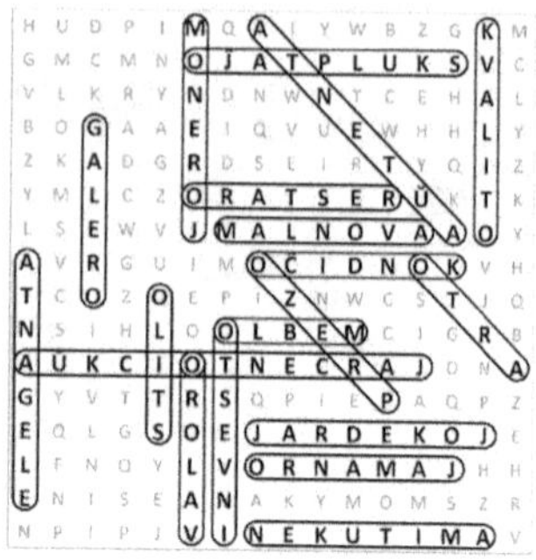

62 - Escursionismo

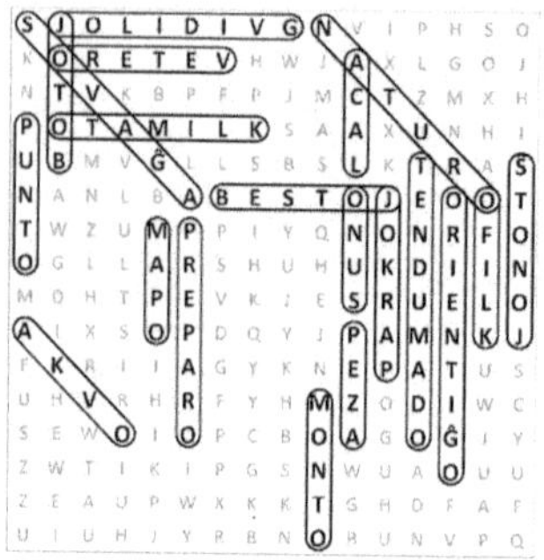

63 - Professioni #1

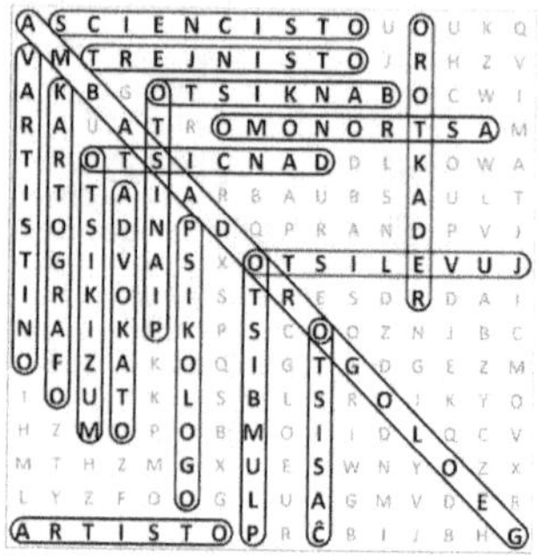

64 - Antartide

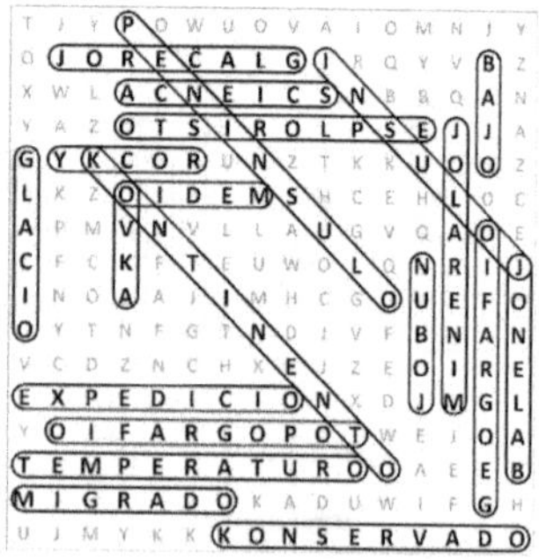

65 - Libri

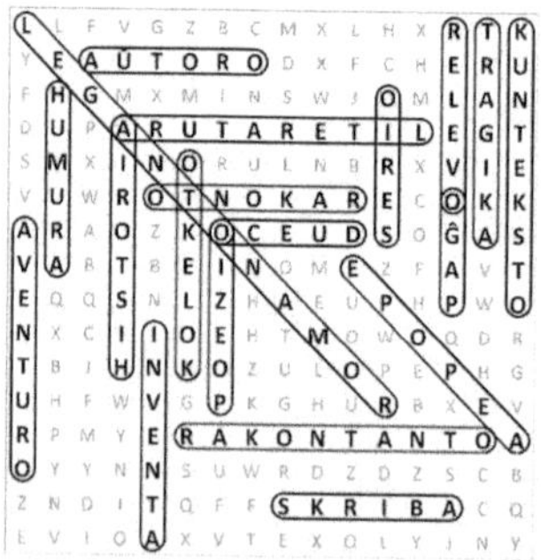

66 - Geografia

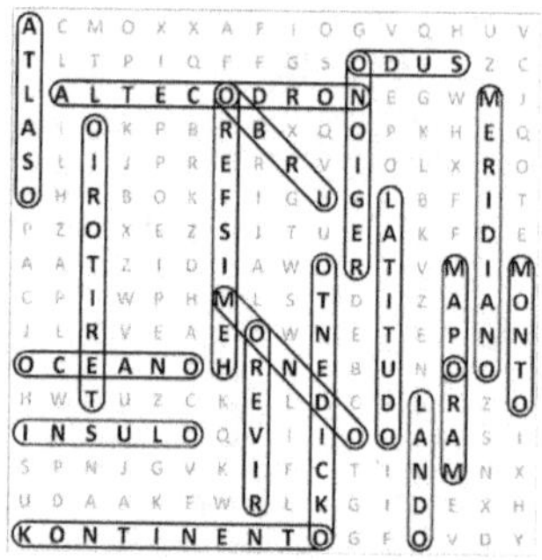

67 - Cibo #1

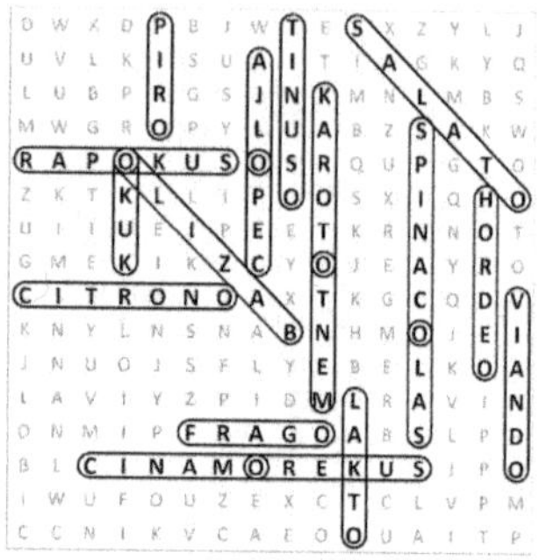

68 - Etica

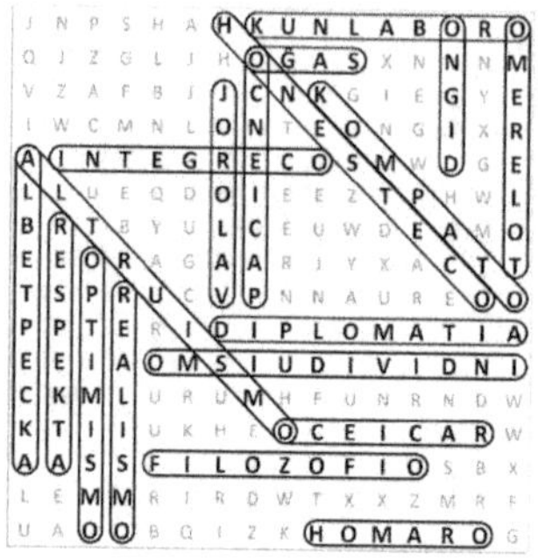

69 - Aeroplani

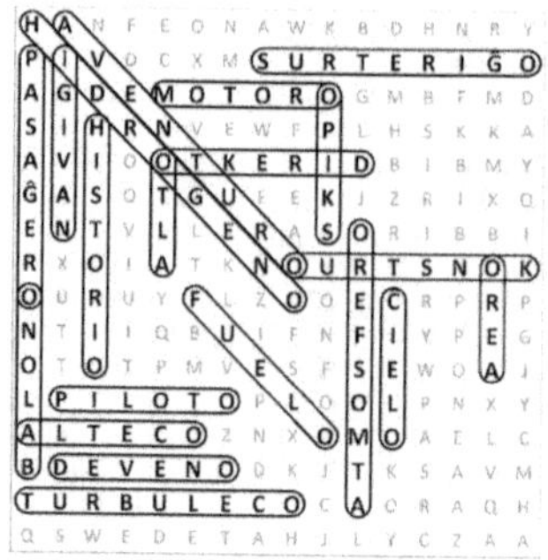

70 - Governo

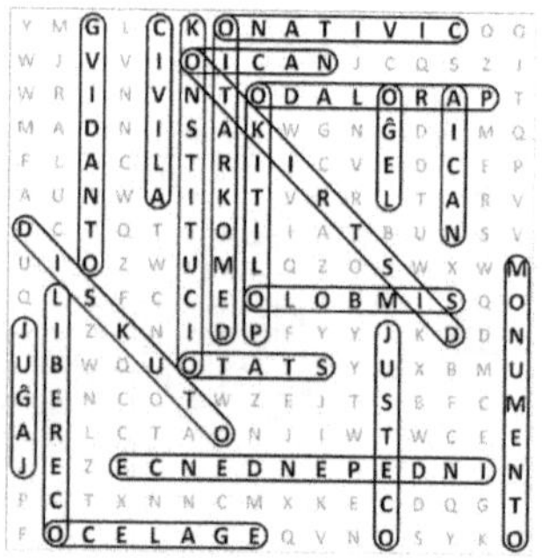

71 - Bellezza

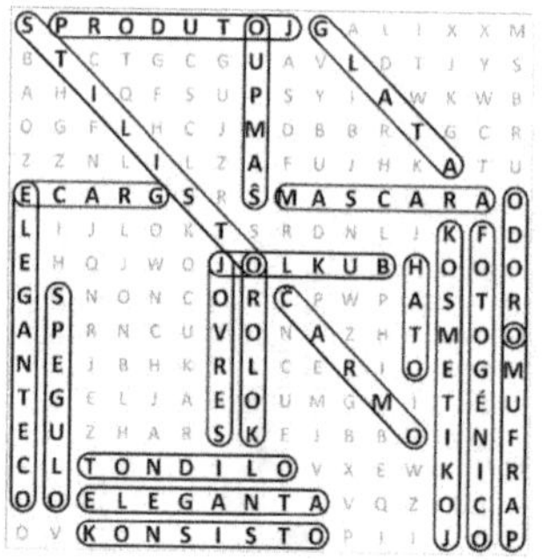

72 - Avventura

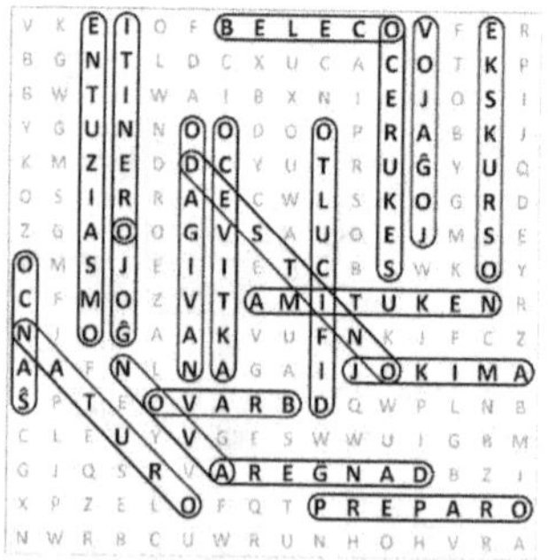

73 - Forme

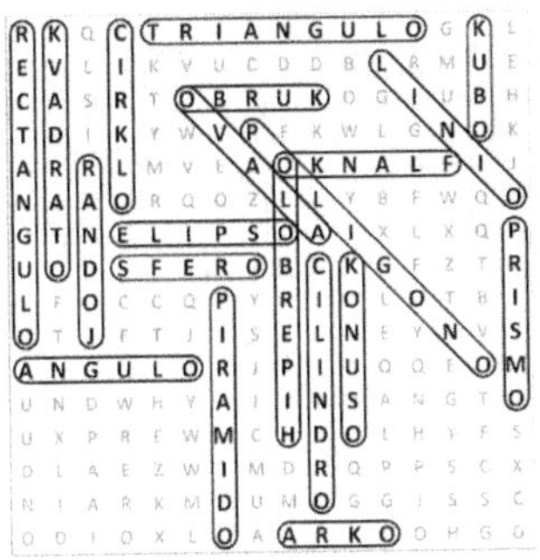

74 - Oceano

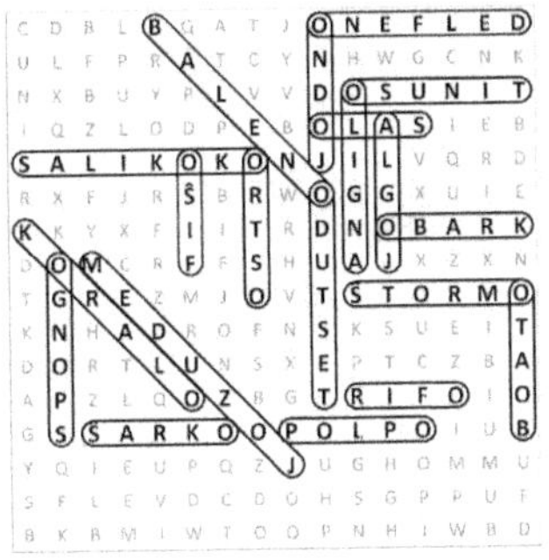

75 - Famiglia

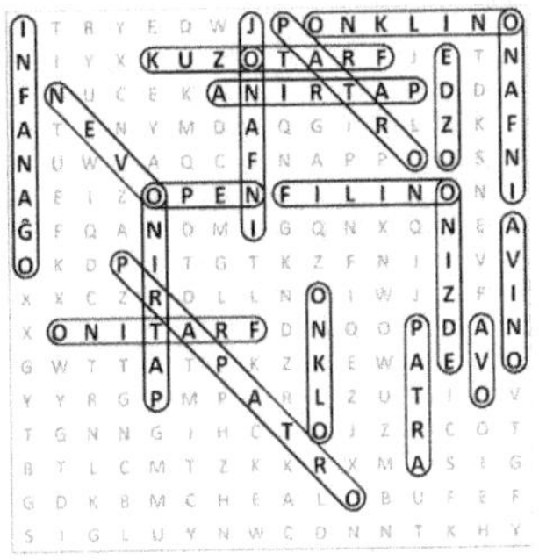

76 - Creatività

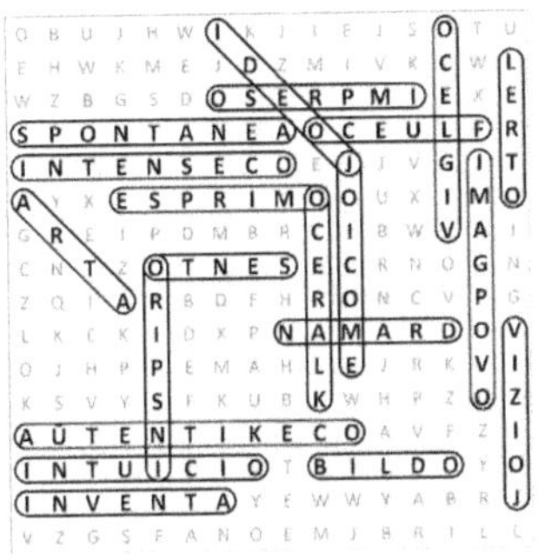

77 - Veicoli

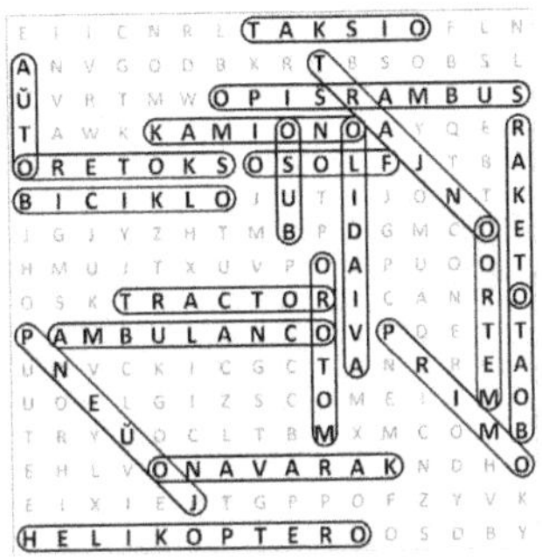

78 - Natura

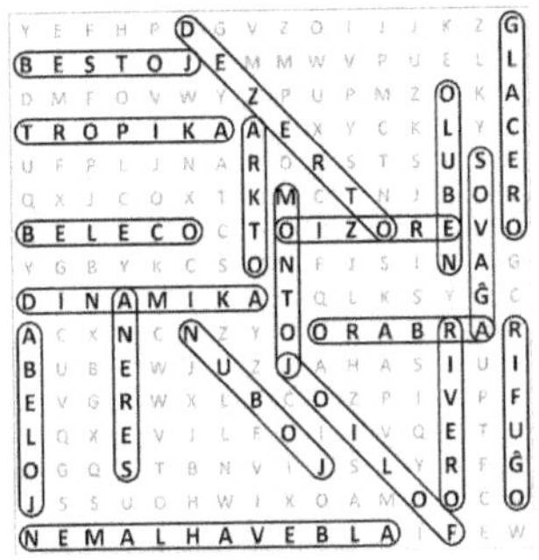

79 - Balletto

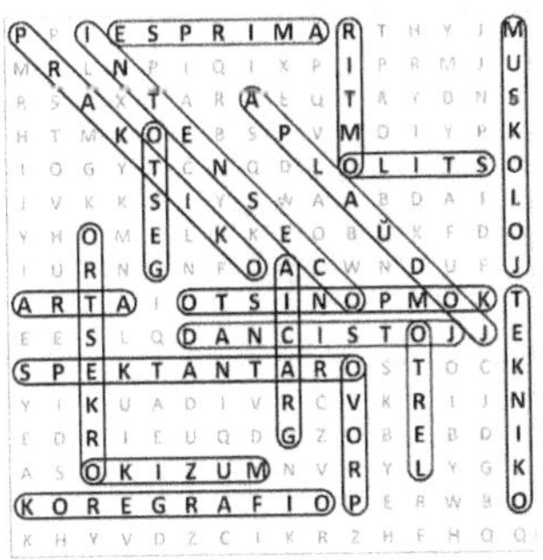

80 - Paesi #1

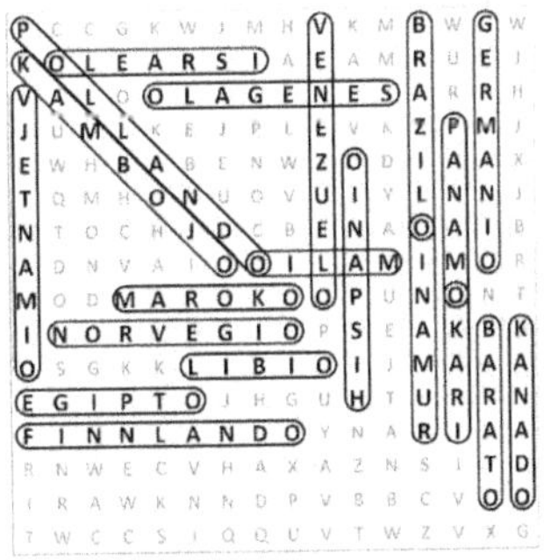

81 - Geometria

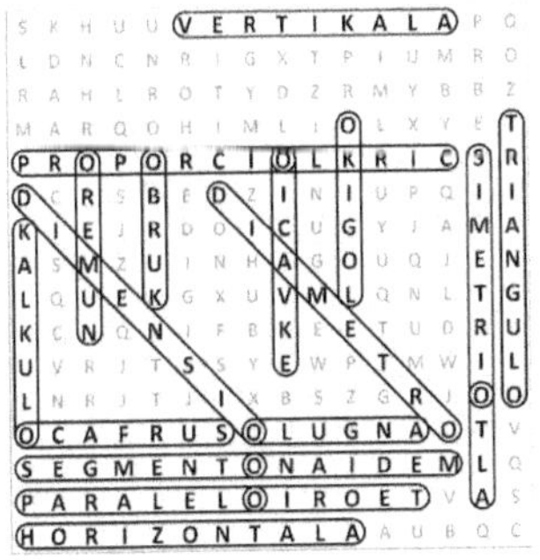

82 - Foresta Pluviale

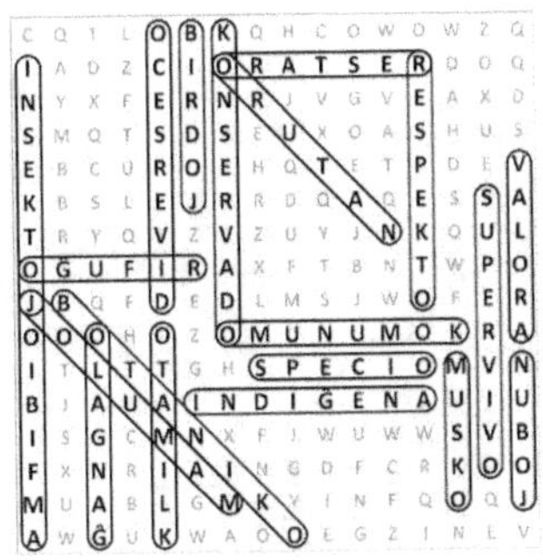

83 - Edifici

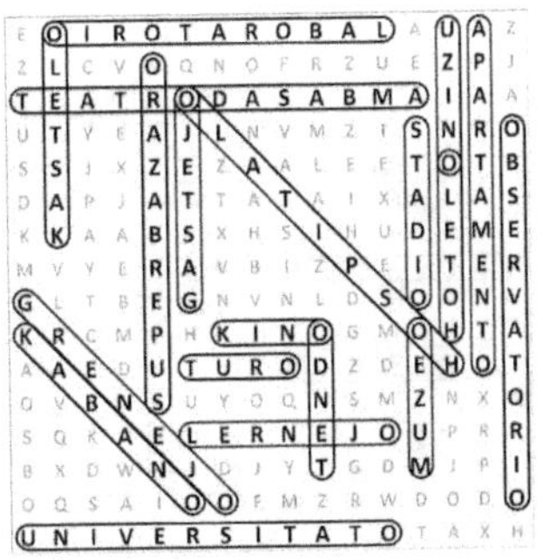

84 - Malattia

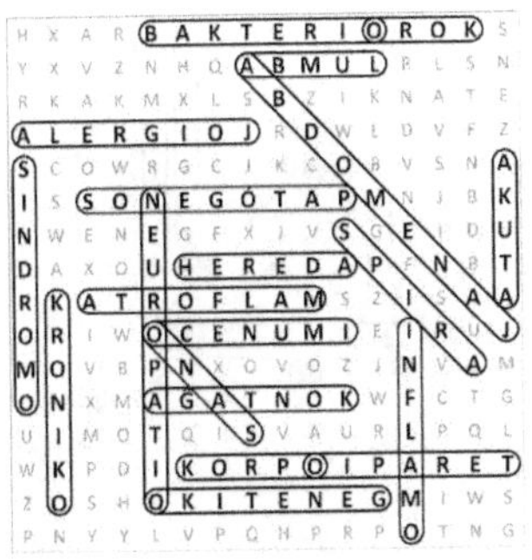

85 - Paesi #2

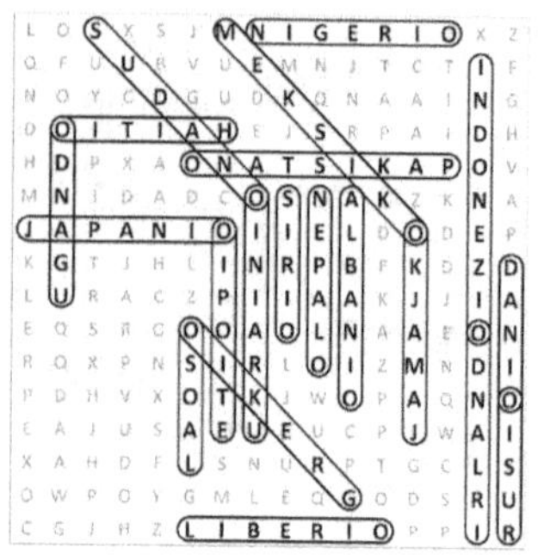

86 - Tipi di Capelli

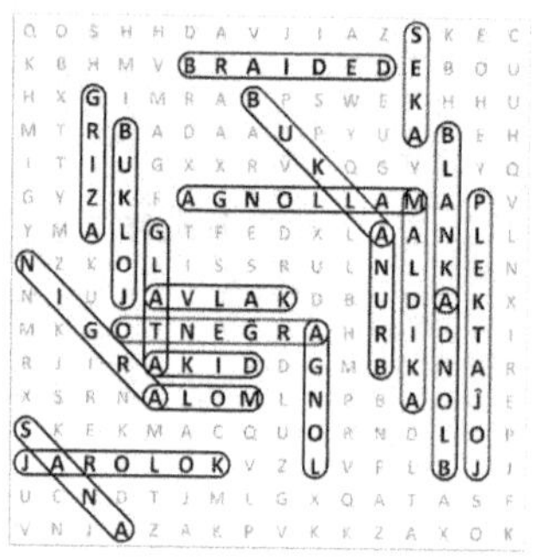

87 - Vestiti

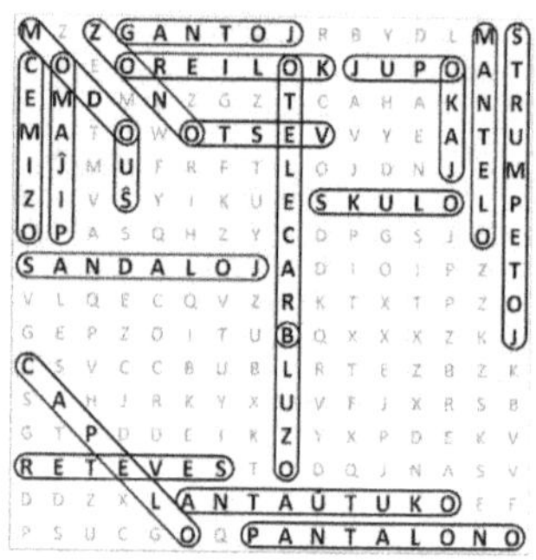

88 - Arte

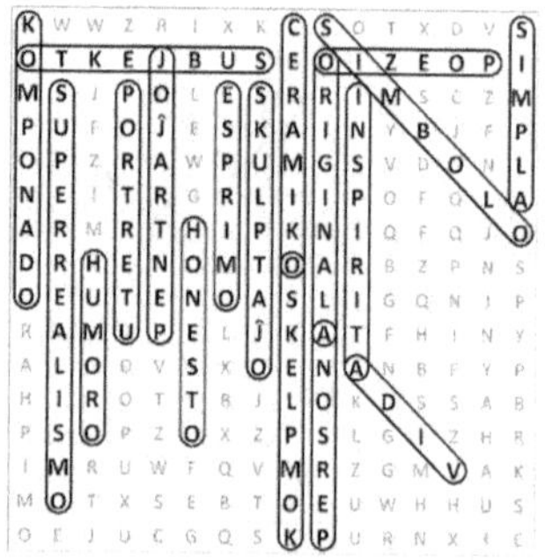

89 - Meteo

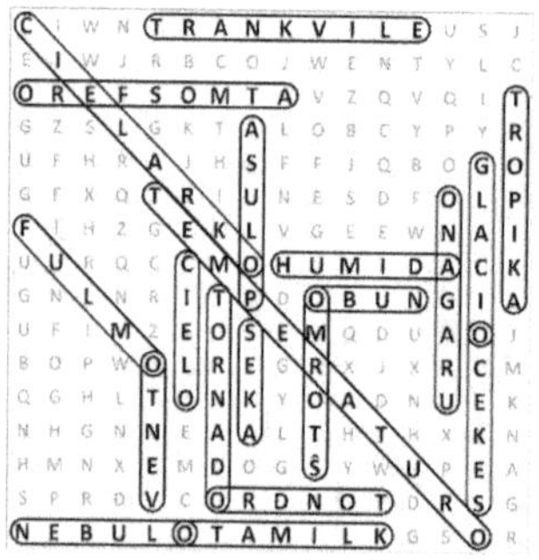

90 - Corpo Umano

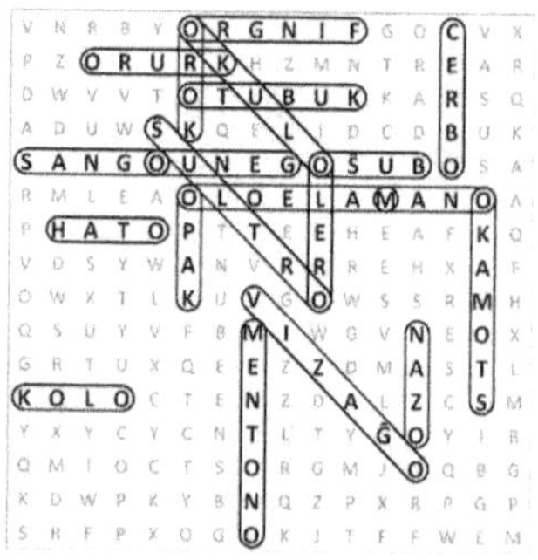

91 - Mammiferi

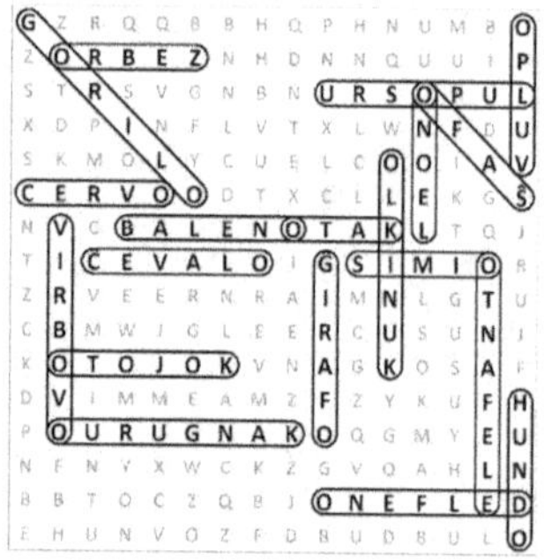

92 - Cucina

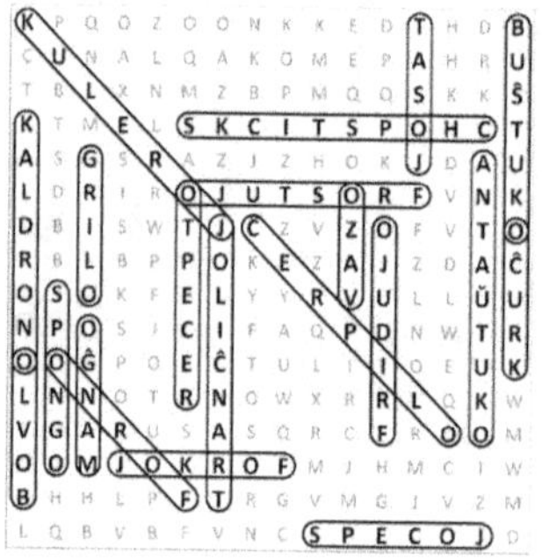

93 - Giardinaggio

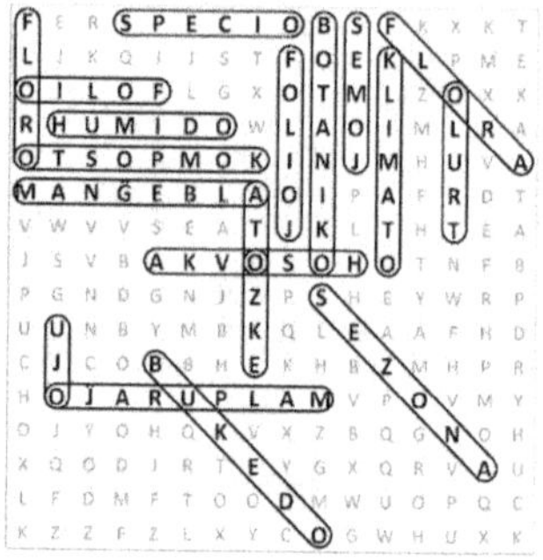

94 - Universo

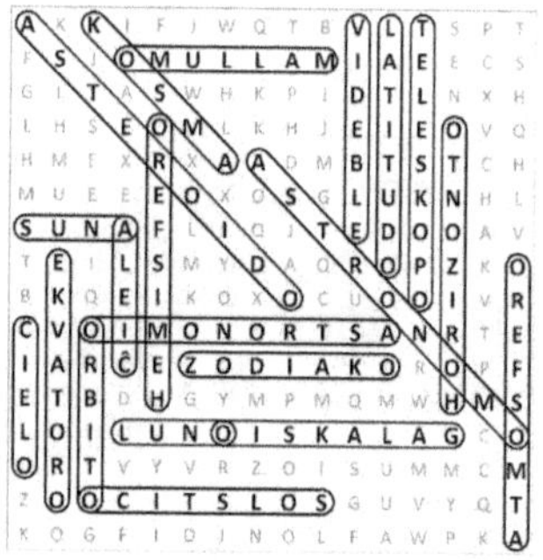

95 - Jazz

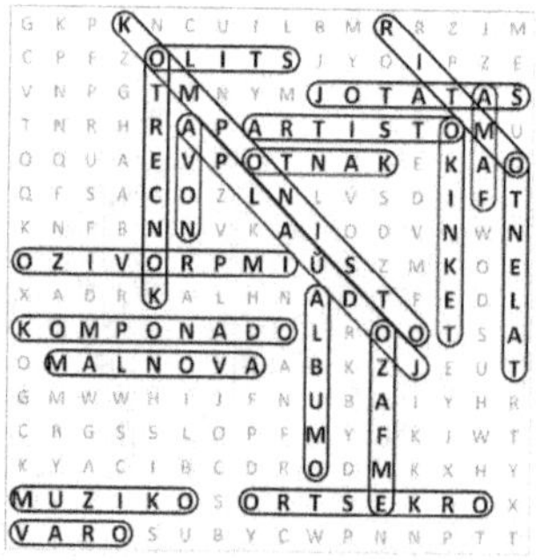

96 - Vacanze #2

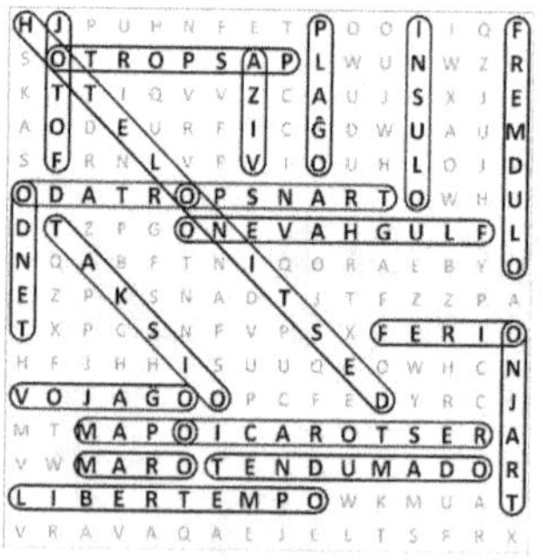

97 - Attività

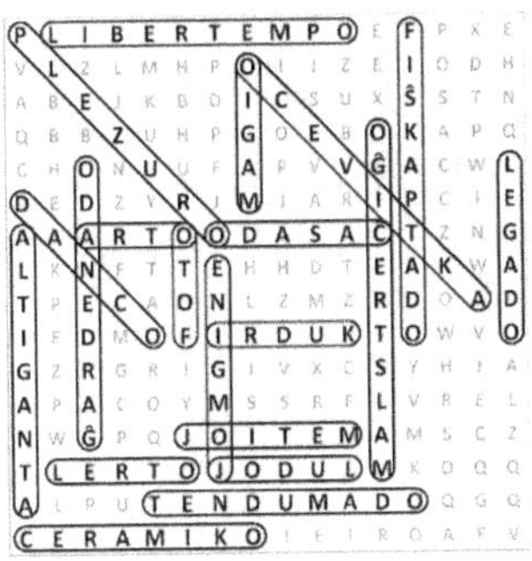

98 - Diplomazia

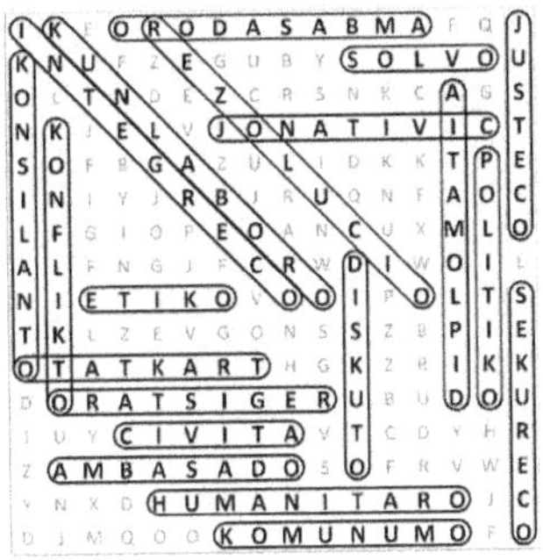

99 - Forniture Artistiche

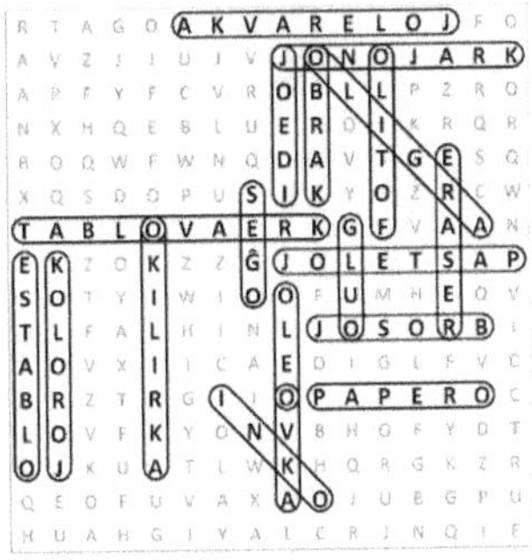

100 - Misurazioni

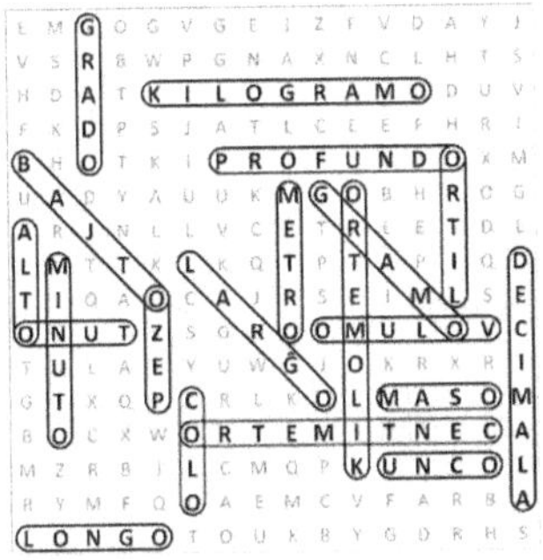

Dizionario

Aeroplani
Aviadiloj

Altezza	Alto
Altitudine	Alteco
Aria	Aero
Atmosfera	Atmosfero
Atterraggio	Surteriĝo
Avventura	Aventuro
Carburante	Fuelo
Cielo	Ĉielo
Costruzione	Konstruo
Direzione	Direkto
Discesa	Deveno
Equipaggio	Skipo
Idrogeno	Hidrogeno
Motore	Motoro
Navigare	Navigi
Palloncino	Balono
Passeggero	Pasaĝero
Pilota	Piloto
Storia	Historio
Turbolenza	Turbuleco

Aggettivi #1
Adjektivoj #1

Ambizioso	Ambicia
Aromatico	Aromaj
Artistico	Arta
Assoluto	Absoluta
Attivo	Aktiva
Enorme	Grandega
Esotico	Ekzota
Generoso	Malavara
Giovane	Juna
Grande	Granda
Identico	Identa
Importante	Grava
Lento	Malrapida
Lungo	Longa
Moderno	Moderna
Onesto	Honesto
Perfetto	Perfekta
Pesante	Peza
Prezioso	Valora
Sottile	Maldika

Aggettivi #2
Adjektivoj #2

Affamato	Malsata
Asciutto	Seka
Autentico	Aŭtenta
Creativo	Krea
Descrittivo	Priskriba
Dolce	Dolĉa
Drammatico	Draman
Elegante	Eleganta
Famoso	Fama
Forte	Forta
Interessante	Interesa
Naturale	Natura
Normale	Normala
Nuovo	Nova
Orgoglioso	Fiera
Produttivo	Produktiva
Puro	Pura
Responsabile	Responde
Salato	Salaj
Sano	Sana

Agronomia
Agronomio

Acqua	Akvo
Agricoltura	Agrikulturo
Ambiente	Medio
Cibo	Manĝo
Crescita	Kresko
Ecologia	Ekologio
Energia	Energio
Erosione	Erozio
Fertilizzante	Sterko
Identificazione	Identigo
Inquinamento	Poluo
Malattie	Malsanoj
Organico	Organika
Produzione	Produktado
Ricerca	Esplorado
Rurale	Kampara
Scienza	Scienco
Semi	Semoj
Sistemi	Sistemoj
Suolo	Trulo

Algebra
Algebro

Diagramma	Diagramo
Divisione	Divido
Equazione	Ekvacio
Esponente	Eksponento
Falso	Falsa
Fattore	Faktoro
Formula	Formulo
Frazione	Frakcio
Grafico	Grafiko
Infinito	Senfine
Lineare	Linia
Matrice	Matrico
Numero	Numero
Parentesi	Parentezo
Problema	Problemo
Semplificare	Simpligi
Soluzione	Solvo
Sottrazione	Subtraho
Variabile	Variablo
Zero	Nul

Antartide
Antarkto

Acqua	Akvo
Ambiente	Medio
Baia	Bajo
Balene	Balenoj
Conservazione	Konservado
Continente	Kontinento
Geografia	Geografio
Ghiacciai	Glaĉeroj
Ghiaccio	Glacio
Isole	Insuloj
Migrazione	Migrado
Minerali	Mineraloj
Nuvole	Nuboj
Penisola	Peninsulo
Ricercatore	Esploristo
Roccioso	Rocky
Scientifico	Scienca
Spedizione	Expedicio
Temperatura	Temperaturo
Topografia	Topografio

Antiquariato
Antikvaĵoj

Arte	Arto
Asta	Aŭkcio
Autentico	Aŭtenta
Condizione	Kondiĉo
Decenni	Jardekoj
Decorativo	Ornamaj
Elegante	Eleganta
Galleria	Galero
Insolito	Nekutima
Investimento	Investo
Mobilio	Meblo
Monete	Moneroj
Prezzo	Prezo
Qualità	Kvalito
Restauro	Restaro
Scultura	Skulptaĵo
Secolo	Jarcento
Stile	Stilo
Valore	Valoro
Vecchio	Malnova

Api
Abeloj

Ali	Flugiloj
Alveare	Abelujo
Benefico	Utila
Cera	Vakso
Cibo	Manĝo
Diversità	Diverseco
Ecosistema	Ekosistema
Fiori	Floroj
Fiorire	Floro
Frutta	Frukto
Fumo	Fumo
Giardino	Ĝardeno
Habitat	Habitato
Insetto	Insekto
Miele	Mielo
Piante	Plantoj
Polline	Poleno
Regina	Reĝino
Sciame	Svarmo
Sole	Suno

Archeologia
Arkeologio

Analisi	Analizo
Anni	Jaroj
Civiltà	Civilizo
Dimenticato	Forgesita
Discendente	Posteulo
Era	Epoko
Esperto	Sperta
Fossile	Fosilo
Frammenti	Fragmentoj
Mistero	Mistero
Oggetti	Celoj
Ossa	Ostoj
Professore	Profesoro
Reliquia	Restaĵa
Ricercatore	Esploristo
Sconosciuto	Nekonata
Squadra	Teamo
Tempio	Templo
Tomba	Tombo
Valutazione	Takso

Arte
Arto

Ceramica	Ceramiko
Complesso	Komplekso
Composizione	Komponado
Dipinti	Pentraĵoj
Espressione	Esprimo
Ispirato	Inspirita
Onesto	Honesto
Originale	Originala
Personale	Persona
Poesia	Poezio
Ritrarre	Portretu
Scultura	Skulptaĵo
Semplice	Simpla
Simbolo	Simbolo
Soggetto	Subjekto
Surrealismo	Superrealismo
Umore	Humoro
Visivo	Vida

Arti Visive
Vidaj Artoj

Architettura	Arkitekturo
Argilla	Argilo
Artista	Artisto
Capolavoro	Ĉefverko
Carbone	Karbo
Cavalletto	Establo
Cera	Vakso
Ceramica	Ceramiko
Composizione	Komponado
Creatività	Kreavo
Film	Filmo
Fotografia	Foto
Gesso	Kreto
Matita	Krajono
Penna	Plumo
Prospettiva	Perspektivo
Ritratto	Portreto
Scultura	Skulptaĵo
Stampino	Ŝablona
Vernice	Glazuro

Astronomia
Astronomio

Asteroide	Asteroido
Astronauta	Astronaŭto
Astronomo	Astronomo
Cielo	Ĉielo
Cosmo	Kosmo
Costellazione	Konstelacio
Equinozio	Ekvinokso
Galassia	Galaksio
Gravità	Gravito
Luna	Luno
Meteora	Meteoro
Nebulosa	Nebula
Osservatorio	Observatorio
Pianeta	Planedo
Radiazione	Radiado
Razzo	Raketo
Supernova	Supernovao
Telescopio	Teleskopo
Terra	Tero
Universo	Universo

Attività
Agadoj

Abilità	Lerto
Arte	Arto
Artigianato	Metioj
Attività	Aktiveco
Caccia	Ĉasado
Campeggio	Tendumado
Ceramica	Ceramiko
Cucire	Kudri
Danza	Danco
Escursioni	Altiganta
Fotografia	Foto
Giardinaggio	Ĝardenado
Giochi	Ludoj
Lettura	Legado
Magia	Magio
Pesca	Fiŝkaptado
Piacere	Plezuro
Puzzle	Enigmoj
Rilassamento	Malstreĉiĝo
Tempo Libero	Libertempo

Attività Commerciale
Komerco

Bilancio	Buĝeto
Carriera	Kariero
Costo	Kosto
Datore di Lavoro	Dunganto
Dipendente	Dungito
Economia	Ekonomio
Fabbrica	Uzino
Finanza	Financo
Investimento	Investo
Merce	Varo
Negozio	Butiko
Profitto	Profito
Reddito	Enspezo
Sconto	Rabato
Società	Firmao
Soldi	Mono
Tasse	Impostoj
Ufficio	Oficejo
Valuta	Valuto
Vendita	Vendo

Avventura
Aventuro

Amici	Amikoj
Attività	Aktiveco
Bellezza	Beleco
Caso	Ŝanco
Coraggio	Bravo
Destinazione	Destino
Difficoltà	Dificulto
Entusiasmo	Entuziasmo
Escursione	Ekskurso
Gioia	Ĝojo
Insolito	Nekutima
Itinerario	Itinero
Natura	Naturo
Navigazione	Navigado
Nuovo	Nova
Pericoloso	Danĝera
Preparazione	Preparo
Sicurezza	Sekureco
Viaggi	Vojaĝoj

Balletto
Baleto

Abilità	Lerto
Applauso	Aplaŭdoj
Artistico	Arta
Ballerini	Dancistoj
Compositore	Komponisto
Coreografia	Koregrafio
Espressivo	Esprima
Gesto	Gesto
Grazioso	Gracia
Intensità	Intenseco
Muscoli	Muskoloj
Musica	Muziko
Orchestra	Orkestro
Pratica	Praktiko
Prova	Provo
Pubblico	Spektantaro
Ritmo	Ritmo
Stile	Stilo
Tecnica	Tekniko

Barbecue
Rostokradoj

Caldo	Varma
Cena	Vespermanĝo
Cibo	Manĝo
Cipolle	Cepoj
Coltelli	Tranĉiloj
Estate	Somero
Fame	Malsato
Famiglia	Familio
Frutta	Frukto
Giochi	Ludoj
Griglia	Grilo
Insalate	Saladoj
Invito	Invito
Musica	Muziko
Pepe	Pipro
Pollo	Kokido
Pomodori	Tomatoj
Pranzo	Tagmanĝo
Sale	Salo
Salsa	Saŭco

Bellezza
Beleco

Colore	Koloro
Cosmetici	Kosmetikoj
Elegante	Eleganta
Eleganza	Eleganteco
Fascino	Ĉarmo
Forbici	Tondilo
Fotogenico	Fotogénico
Fragranza	Parfumo
Grazia	Grace
Liscio	Glata
Mascara	Mascara
Pelle	# ha? To
Prodotti	Produtoj
Profumo	Odoro
Riccioli	Bukloj
Servizi	Servoj
Shampoo	Ŝampuo
Specchio	Spegulo
Stilista	Stilisto
Trucco	Konsisto

Biologia
Biologio

Anatomia	Anatomio
Batteri	Bakterioj
Cellula	Ĉelo
Collagene	Collagen
Cromosoma	Kromosomo
Embrione	Embrio
Enzima	Enzimo
Evoluzione	Evoluo
Fotosintesi	Fotosintezo
Mammifero	Mamulo
Mutazione	Mutatio
Naturale	Natura
Nervo	Nervo
Neurone	Neurono
Ormone	Hormono
Osmosi	Osmozo
Proteina	Proteino
Rettile	Reptilio
Simbiosi	Simbiozo
Sinapsi	Synapse

Campeggio
Tendumado

Alberi	Arboj
Amaca	Hamako
Animali	Bestoj
Avventura	Aventuro
Bussola	Kompaso
Cabina	Kabano
Caccia	Ĉasado
Canoa	Kanuo
Cappello	Ĉapelo
Corda	Ŝnuro
Divertimento	Amuza
Foresta	Arbaro
Fuoco	Fajro
Insetto	Insekto
Lago	Lago
Luna	Luno
Mappa	Mapo
Montagna	Monto
Natura	Naturo
Tenda	Tendo

Casa
Domo

Attico	Subtegmento
Biblioteca	Biblioteko
Camera	Ĉambro
Camino	Fajro
Cucina	Kuirejo
Doccia	Duŝo
Finestra	Fenestro
Garage	Garaĝo
Giardino	Ĝardeno
Lampada	Lampo
Parete	Muro
Pavimento	Planko
Porta	Pordo
Recinto	Barilo
Rubinetto	Krano
Scopa	Balao
Soffitto	Plafono
Specchio	Spegulo
Tappeto	Tapiŝo
Tetto	Tegmento

Chimica
Kemio

Acido	Acido
Alcalino	Alkala
Atomico	Atoma
Calore	Varmo
Carbonio	Karbono
Catalizzatore	Katalizilo
Cloro	Kloro
Elettrone	Elektrono
Enzima	Enzimo
Gas	Gazo
Idrogeno	Hidrogeno
Ione	Jono
Liquido	Likva
Molecola	Molekulo
Nucleare	Nuklea
Organico	Organika
Ossigeno	Oksigeno
Peso	Pezo
Sale	Salo
Temperatura	Temperaturo

Cibo #1
Manĝaĵo Numero 1

Aglio	Ajlo
Basilico	Bazilo
Cannella	Cinamo
Carne	Viando
Carota	Karoto
Cipolla	Cepo
Fragola	Frago
Insalata	Salato
Latte	Lakto
Limone	Citrono
Menta	Mento
Orzo	Hordeo
Pera	Piro
Rapa	Rapo
Sale	Salo
Spinaci	Spinaco
Succo	Suko
Tonno	Tinuso
Torta	Kuko
Zucchero	Sukero

Cibo #2
Manĝaĵo #2

Banana	Banano
Broccolo	Brokolo
Ciliegia	Ĉerizo
Cioccolato	Ĉokolado
Formaggio	Fromaĝo
Fungo	Fungo
Grano	Tritiko
Kiwi	Kivo
Mela	Pomo
Melanzana	Melanzo
Pane	Pano
Pesce	Fiŝo
Pollo	Kokido
Pomodoro	Tomato
Prosciutto	Ŝinko
Riso	Rizo
Sedano	Celerio
Uovo	Ovo
Uva	Vinbero
Yogurt	Jogurto

Città
Urbo

Aeroporto	Flughaveno
Banca	Banko
Biblioteca	Biblioteko
Cinema	Kino
Clinica	Kliniko
Farmacia	Apoteko
Fiorista	Floristo
Galleria	Galero
Hotel	Hotelo
Libreria	Librejo
Mercato	Merkato
Museo	Muzeo
Negozio	Vendejo
Panetteria	Bakejo
Scuola	Lernejo
Stadio	Stadio
Supermercato	Superbazaro
Teatro	Teatro
Università	Universitato
Zoo	Zoo

Corpo Umano
Homa Korpo

Bocca	Buŝo
Caviglia	Maleolo
Cervello	Cerbo
Collo	Kolo
Cuore	Koro
Dito	Fingro
Faccia	Vizaĝo
Gamba	Kruro
Ginocchio	Genuo
Gomito	Kubuto
Mano	Mano
Mento	Mentono
Naso	Nazo
Occhio	Okulo
Orecchio	Orelo
Pelle	# ha? To
Sangue	Sango
Spalla	Ŝultro
Stomaco	Stomako
Testa	Kapo

Creatività
Kreivo

Abilità	Lerto
Artistico	Arta
Autenticità	Aŭtentikeco
Chiarezza	Klareco
Drammatico	Draman
Emozioni	Emocioj
Espressione	Esprimo
Fluidità	Flueco
Idee	Ideoj
Immaginazione	Imagpovo
Immagine	Bildo
Impressione	Impreso
Intensità	Intenseco
Intuizione	Intuicio
Inventivo	Inventa
Ispirazione	Inspiro
Sensazione	Sento
Spontaneo	Spontanea
Visioni	Vizioj
Vitalità	Vigleco

Cucina
Kuirejo

Bacchette	Chopsticks
Bollitore	Kaldrono
Brocca	Kruĉo
Cibo	Manĝo
Ciotola	Bovlo
Coltelli	Tranĉiloj
Congelatore	Frostujo
Cucchiai	Kuleroj
Forchette	Forkoj
Forno	Forno
Frigorifero	Fridujo
Grembiule	Antaŭtuko
Griglia	Grilo
Mestolo	Ĉerpilo
Ricetta	Recepto
Spezie	Specoj
Spugna	Spongo
Tazze	Tasoj
Tovagliolo	Buŝtuko
Vaso	Vazo

Danza
Danco

Accademia	Akademio
Arte	Arto
Classico	Klasika
Compagno	Partnero
Coreografia	Koregrafio
Corpo	Korpo
Cultura	Kulturo
Culturale	Kultura
Emozione	Emocio
Espressivo	Esprima
Gioioso	Ĝoja
Grazia	Grace
Movimento	Movado
Musica	Muziko
Postura	Sinteno
Prova	Provo
Ritmo	Ritmo
Tradizionale	Tradicia
Visivo	Vida

Diplomazia
Diplomatio

Ambasciata	Ambasado
Ambasciatore	Ambasadoro
Cittadini	Civitanoj
Civico	Civita
Comunità	Komunumo
Conflitto	Konflikto
Consigliere	Konsilanto
Cooperazione	Kunlaboro
Diplomatico	Diplomatia
Discussione	Diskuto
Etica	Etiko
Giustizia	Justeco
Governo	Registaro
Integrità	Integreco
Politica	Politiko
Risoluzione	Rezolucio
Sicurezza	Sekureco
Soluzione	Solvo
Trattato	Traktato
Umanitario	Humanitaro

Discipline Scientifiche
Sciencaj Disciplinoj

Anatomia	Anatomio
Archeologia	Arkeologio
Astronomia	Astronomio
Biochimica	Biokemio
Biologia	Biologio
Botanica	Botaniko
Chimica	Kemio
Ecologia	Ekologio
Fisiologia	Fiziologio
Geologia	Geologio
Immunologia	Imunologio
Linguistica	Lingvistiko
Meccanica	Mekaniko
Meteorologia	Meteologio
Mineralogia	Mineralogio
Neurologia	Neurologio
Psicologia	Psikologio
Sociologia	Sociologio
Termodinamica	Termodinamiko
Zoologia	Zoologio

Ecologia
Ekologio

Clima	Klimato
Comunità	Komunumoj
Diversità	Diverseco
Fauna	Faŭno
Flora	Flora
Globale	Tutmonda
Habitat	Habitato
Marino	Mara
Natura	Naturo
Naturale	Natura
Palude	Marĉo
Piante	Plantoj
Risorse	Rimedoj
Siccità	Sekeco
Sopravvivenza	Supervivo
Sostenibile	Daŭrigebla
Specie	Specio
Varietà	Vario
Vegetazione	Vegetaĵaro
Volontari	Volontuloj

Edifici
Konstruaĵoj

Ambasciata	Ambasado
Appartamento	Apartamento
Cabina	Kabano
Castello	Kastelo
Cinema	Kino
Fabbrica	Uzino
Fienile	Grenejo
Hotel	Hotelo
Laboratorio	Laboratorio
Museo	Muzeo
Ospedale	Hospitalo
Osservatorio	Observatorio
Ostello	Gastejo
Scuola	Lernejo
Stadio	Stadio
Supermercato	Superbazaro
Teatro	Teatro
Tenda	Tendo
Torre	Turo
Università	Universitato

Elettricità
Elektro

Attrezzatura	Ekipaĵo
Batteria	Baterio
Cavo	Kablo
Conservazione	Stokado
Elettricista	Elektristo
Elettrico	Elektro
Fili	Dratoj
Generatore	Generatoro
Lampada	Lampo
Lampadina	Bulbo
Laser	Lasero
Magnete	Magneto
Negativo	Negativo
Oggetti	Celoj
Positivo	Pozitiva
Presa	Ingo
Quantità	Kvanto
Rete	Reto
Telefono	Telefono
Televisione	Televido

Energia
Energio

Ambiente	Medio
Batteria	Baterio
Benzina	Benzino
Calore	Varmo
Carbonio	Karbono
Carburante	Fuelo
Diesel	Dezelo
Elettrico	Elektro
Elettrone	Elektrono
Entropia	Entropio
Fotone	Fotono
Idrogeno	Hidrogeno
Industria	Industrio
Inquinamento	Poluo
Motore	Motoro
Nucleare	Nuklea
Rinnovabile	Renovigebla
Turbina	Turbino
Vapore	Vaporo
Vento	Vento

Erboristeria
Herbalism

Aglio	Ajlo
Aromatico	Aromaj
Basilico	Bazilo
Culinario	Kulinara
Dragoncello	Tarragon
Finocchio	Fenkolo
Fiore	Floro
Giardino	Ĝardeno
Ingrediente	Ingredienco
Lavanda	Lavendo
Maggiorana	Marĝoromo
Menta	Mento
Origano	Origano
Pianta	Planto
Prezzemolo	Petroselo
Qualità	Kvalito
Rosmarino	Romero
Timo	Timiano
Verde	Verda
Zafferano	Safrano

Escursionismo
Altiganta

Acqua	Akvo
Animali	Bestoj
Campeggio	Tendumado
Clima	Klimato
Guide	Gvidiloj
Mappa	Mapo
Meteo	Vetero
Montagna	Monto
Natura	Naturo
Orientamento	Orientiĝo
Parchi	Parkoj
Pesante	Peza
Pietre	Ŝtonoj
Preparazione	Preparo
Scogliera	Klifo
Selvaggio	Sovaĝa
Sole	Suno
Stanco	Laca
Stivali	Botoj
Vertice	Punto

Etica
Etiko

Altruismo	Altruismo
Compassione	Kompato
Cooperazione	Kunlaboro
Dignità	Digno
Diplomatico	Diplomatia
Filosofia	Filozofio
Individualismo	Individuismo
Integrità	Integreco
Onestà	Honesteco
Ottimismo	Optimismo
Pazienza	Pacienco
Ragionevole	Akceptebla
Razionalità	Racieco
Realismo	Realismo
Rispettoso	Respekta
Saggezza	Saĝo
Tolleranza	Toleremo
Umanità	Homaro
Valori	Valoroj

Famiglia
Familio

Antenato	Prapatro
Bambini	Infanoj
Bambino	Infano
Cugino	Kuzo
Figlia	Filino
Fratello	Frato
Infanzia	Infanaĝo
Madre	Patrino
Marito	Edzo
Materno	Patrina
Moglie	Edzino
Nipote	Nevo
Nipote	Nepo
Nonna	Avino
Nonno	Avo
Padre	Patro
Paterno	Patra
Sorella	Fratino
Zia	Onklino
Zio	Onklo

Fantascienza
Sciencfikcio

Atomico	Atoma
Cinema	Kino
Distopia	Distopio
Esplosione	Eksplodo
Estremo	Ekstrema
Fantastico	Mirinda
Fuoco	Fajro
Futuristico	Futurista
Galassia	Galaksio
Illusione	Iluzio
Immaginario	Imaga
Libri	Libroj
Misterioso	Mistera
Mondo	Mondo
Oracolo	Orakolo
Pianeta	Planedo
Realistico	Realismo
Robot	Robotoj
Tecnologia	Teknologio
Utopia	Utopio

Fattoria #1
Bieno #1

Acqua	Akvo
Agricoltura	Agrikulturo
Ape	Abelo
Asino	Azeno
Campo	Kampo
Cane	Hundo
Capra	Kapro
Cavallo	Ĉevalo
Fertilizzante	Sterko
Fieno	Fojno
Gatto	Kato
Gregge	Grego
Maiale	Porko
Miele	Mielo
Mucca	Bovino
Pollo	Kokido
Recinto	Barilo
Riso	Rizo
Semi	Semoj
Vitello	Bovido

Fattoria #2
Bieno #2

Agnello	Ŝafido
Agricoltore	Kulturo
Anatra	Anaso
Animali	Bestoj
Cibo	Manĝo
Fienile	Grenejo
Frutta	Frukto
Grano	Tritiko
Irrigazione	Irigado
Lama	Lamo
Latte	Lakto
Mais	Maizo
Maturo	Matura
Oche	Anseroj
Orzo	Hordeo
Pecora	Ŝafo
Prato	Herbejo
Trattore	Tractor
Verdura	Legomo

Filantropia
Filantropio

Bambini	Infanoj
Bisogno	Devas
Carità	Bonfarado
Comunità	Komunumo
Contatti	Kontaktoj
Finanza	Financo
Fondi	Fundoj
Generosità	Malavareco
Gioventù	Junulo
Globale	Tutmonda
Gruppi	Grupoj
Missione	Misio
Obiettivi	Celoj
Onestà	Honesteco
Persone	Homoj
Programmi	Programoj
Pubblico	Publiko
Storia	Historio
Umanità	Homaro

Fisica
Fiziko

Accelerazione	Akcelo
Atomo	Atomo
Caos	Kaoso
Chimico	Kemiko
Densità	Denso
Elettrone	Elektrono
Espansione	Expanso
Formula	Formulo
Frequenza	Frekvenco
Gas	Gazo
Gravità	Gravito
Magnetismo	Magnetismo
Meccanica	Mekaniko
Molecola	Molekulo
Motore	Motoro
Nucleare	Nuklea
Particella	Partiklo
Relatività	Relativeco
Universale	Universala
Velocità	Rapideco

Foresta Pluviale
Pluvarbaro

Anfibi	Amfibioj
Botanico	Botaniko
Clima	Klimato
Comunità	Komunumo
Diversità	Diverseco
Giungla	Ĝangalo
Indigeno	Indiĝena
Insetti	Insektoj
Mammiferi	Mamuloj
Muschio	Musko
Natura	Naturo
Nuvole	Nuboj
Preservazione	Konservado
Prezioso	Valora
Restauro	Restaro
Rifugio	Rifuĝo
Rispetto	Respekto
Sopravvivenza	Supervivo
Specie	Specio
Uccelli	Birdoj

Forme
Formoj

Angolo	Angulo
Arco	Arko
Bordi	Randoj
Cerchio	Cirklo
Cilindro	Cilindro
Cono	Konuso
Cubo	Kubo
Curva	Kurbo
Ellisse	Elipso
Iperbole	Hiperbolo
Lato	Flanko
Linea	Linio
Ovale	Ovala
Piramide	Piramido
Poligono	Poligono
Prisma	Prismo
Quadrato	Kvadrato
Rettangolo	Rectangulo
Sfera	Sfero
Triangolo	Triangulo

Forniture Artistiche
Arto Provizoj

Acqua	Akvo
Acquerelli	Akvareloj
Acrilico	Akriliko
Argilla	Argilo
Carbone	Karbo
Carta	Papero
Cavalletto	Establo
Colla	Gluo
Colori	Koloroj
Creatività	Kreavo
Gomma	Eraser
Idee	Ideoj
Inchiostro	Inko
Matite	Krajonoj
Olio	Oleo
Pastelli	Pasteloj
Sedia	Seĝo
Spazzole	Brosoj
Tavolo	Tablo
Telecamera	Fotilo

Forza e Gravità
Forto kaj Gravito

Asse	Akso
Attrito	Frotado
Centro	Centro
Dinamico	Dinamika
Distanza	Distanco
Espansione	Expanso
Fisica	Fiziko
Impatto	Efiko
Magnetismo	Magnetismo
Meccanica	Mekaniko
Movimento	Movo
Orbita	Orbito
Peso	Pezo
Pianeti	Planedoj
Pressione	Premo
Proprietà	Propraĵoj
Scoperta	Elkovo
Tempo	Tempo
Universale	Universala
Velocità	Rapido

Frutta
Frukto

Albicocca	Abrikoto
Ananas	Ananaso
Arancia	Oranĝo
Avocado	Avokado
Bacca	Bero
Banana	Banano
Ciliegia	Ĉerizo
Kiwi	Kivo
Lampone	Frambo
Limone	Citrono
Mango	Mango
Mela	Pomo
Melone	Melono
Mora	Ruso
Nettarina	Nektarino
Papaia	Papajo
Pera	Piro
Pesca	Persiko
Prugna	Pruno
Uva	Vinbero

Geografia
Geografio

Altitudine	Alteco
Atlante	Atlaso
Città	Urbo
Continente	Kontinento
Emisfero	Hemisfero
Fiume	Rivero
Isola	Insulo
Latitudine	Latitudo
Mappa	Mapo
Mare	Maro
Meridiano	Meridiano
Mondo	Mondo
Montagna	Monto
Nord	Nordo
Oceano	Oceano
Ovest	Okcidento
Paese	Lando
Regione	Regiono
Sud	Sudo
Territorio	Teritorio

Geologia
Geologio

Acido	Acido
Altopiano	Altebenaĵo
Calcio	Kalcio
Caverna	Kaverno
Continente	Kontinento
Corallo	Koralo
Cristalli	Kristaloj
Erosione	Erozio
Fossile	Fosilo
Geyser	Gejsero
Lava	Lavo
Minerali	Mineraloj
Pietra	Ŝtono
Quarzo	Kvarco
Sale	Salo
Stalagmiti	Stalagmitoj
Stalattite	Stalaktito
Strato	Tavolo
Terremoto	Tertremo
Vulcano	Vulkano

Geometria
Geometrio

Altezza	Alto
Angolo	Angulo
Calcolo	Kalkulo
Cerchio	Cirklo
Curva	Kurbo
Diametro	Diametro
Dimensione	Dimensio
Equazione	Ekvacio
Logica	Logiko
Mediano	Mediano
Numero	Numero
Orizzontale	Horizontala
Parallelo	Paralelo
Proporzione	Proporcio
Segmento	Segmento
Simmetria	Simetrio
Superficie	Surfaco
Teoria	Teorio
Triangolo	Triangulo
Verticale	Vertikala

Giardinaggio
? Ardenado

Acqua	Akvo
Botanico	Botaniko
Clima	Klimato
Commestibile	Manĝebla
Compost	Komposto
Contenitore	Ujo
Esotico	Ekzota
Fiorire	Floro
Floreale	Flora
Foglia	Folio
Fogliame	Folioj
Mazzo	Bukedo
Semi	Semoj
Specie	Specio
Sporco	Malpuraĵo
Stagionale	Sezona
Suolo	Trulo
Tubo	Hoso
Umidità	Humido

Giardino
Ĝardeno

Albero	Arbo
Amaca	Hamako
Cespuglio	Arbusto
Erba	Herbo
Erbacce	Herboj
Fiore	Floro
Garage	Garaĝo
Giardino	Ĝardeno
Pala	Ŝovelilo
Panca	Benko
Portico	Verando
Prato	Gazono
Rastrello	Rasti
Recinto	Barilo
Stagno	Lageto
Suolo	Trulo
Terrazza	Teraso
Trampolino	Trampolino
Tubo	Hoso

Giorni e Mesi
Tagoj kaj Monatoj

Agosto	Aŭgusto
Anno	Jaro
Aprile	Aprilo
Calendario	Kalendaro
Dicembre	Decembro
Domenica	Dimanĉo
Febbraio	Februaro
Gennaio	Januaro
Giugno	Junio
Luglio	Julio
Lunedì	Lundo
Martedì	Mardo
Mercoledì	Merkredo
Mese	Monato
Novembre	Novembro
Ottobre	Oktobro
Sabato	Sabato
Settembre	Septembro
Settimana	Semajno
Venerdì	Vendredo

Governo
Registaro

Capo	Gvidanto
Cittadinanza	Civitano
Civile	Civila
Costituzione	Konstitucio
Democrazia	Demokratio
Discorso	Parolado
Discussione	Diskuto
Giudiziario	Juĝaj
Giustizia	Justeco
Indipendenza	Independence
Legge	Leĝo
Libertà	Libereco
Monumento	Monumento
Nazionale	Nacia
Nazione	Nacio
Politica	Politiko
Quartiere	Distrikto
Simbolo	Simbolo
Stato	Stato
Uguaglianza	Egaleco

Guida
Veturado

Auto	Aŭto
Autobus	Buso
Carburante	Fuelo
Freni	Bremsoj
Garage	Garaĝo
Gas	Gazo
Incidente	Akcidento
Licenza	Permesilo
Mappa	Mapo
Moto	Motorciklo
Motore	Motoro
Pedonale	Piediranto
Pericolo	Danĝero
Polizia	Polico
Sicurezza	Sekureco
Strada	Vojo
Traffico	Trafiko
Trasporto	Transportado
Tunnel	Tunelo
Velocità	Rapido

I Media
La Amaskomunikilaro

Atteggiamenti	Sintenoj
Commerciale	Komerca
Comunicazione	Komuniko
Digitale	Digitalo
Edizione	Eldono
Educazione	Eduko
Fatti	Faktoj
Finanziamento	Financado
Foto	Fotoj
Giornali	Gazetoj
Individuale	Individuo
Industria	Industrio
Intellettuale	Intelekta
Locale	Loka
Online	Rete
Opinione	Opinio
Pubblico	Publiko
Radio	Radio
Rete	Reto
Televisione	Televido

Imbarcazioni
Boatoj

Albero	Masto
Ancora	Ankro
Barca a Vela	Velŝipo
Boa	Buo
Canoa	Kanuo
Corda	Ŝnuro
Equipaggio	Skipo
Fiume	Rivero
Kayak	Kajako
Lago	Lago
Mare	Maro
Marinaio	Maristo
Marittimo	Mare
Motore	Motoro
Nautico	Naŭtika
Oceano	Oceano
Onde	Ondoj
Traghetto	Primo
Yacht	Jaĉto
Zattera	Floso

Immigrazione
Enmigrado

Adulti	Plenkreskuloj
Aiuto	Helpo
Alloggio	Loĝoj
Amministrazione	Administro
Approvazione	Aprobo
Bambini	Infanoj
Comunicazione	Komuniko
Documenti	Dokumentoj
Finanziamento	Financado
Frontiere	Limoj
Legge	Leĝo
Lingua	Lingvo
Processo	Proceso
Protezione	Protekto
Scadenza	Limdato
Situazione	Situacio
Soluzione	Solvo
Stress	Streĉo
Trattativa	Negocado
Ufficiale	Oficiro

Ingegneria
Inĝenieristiko

Angolo	Angulo
Asse	Akso
Calcolo	Kalkulo
Costruzione	Konstruo
Diagramma	Diagramo
Diametro	Diametro
Diesel	Dezelo
Distribuzione	Distribuo
Energia	Energio
Forza	Forto
Ingranaggi	Ilaroj
Leve	Leviloj
Liquido	Likva
Macchina	Maŝino
Misurazione	Mezurado
Motore	Motoro
Profondità	Profundo
Rotazione	Rotacio
Stabilità	Stabileco
Struttura	Strukturo

Jazz
Ĵazo

Album	Albumo
Applauso	Aplaŭdoj
Artista	Artisto
Canzone	Kanto
Compositore	Komponisto
Composizione	Komponado
Concerto	Koncerto
Enfasi	Emfazo
Famoso	Fama
Genere	Varo
Improvvisazione	Improvizo
Musica	Muziko
Nuovo	Nova
Orchestra	Orkestro
Preferiti	Ŝatatoj
Ritmo	Ritmo
Stile	Stilo
Talento	Talento
Tecnica	Tekniko
Vecchio	Malnova

L'Azienda
La Firmao

Creativo	Krea
Decisione	Decido
Globale	Tutmonda
Industria	Industrio
Innovativo	Noviga
Investimento	Investo
Occupazione	Dungo
Possibilità	Ebleco
Presentazione	Prezento
Prodotto	Produkto
Professionale	Profesia
Progresso	Progreso
Qualità	Kvalito
Reddito	Enspezo
Reputazione	Reputacio
Rischi	Riskoj
Risorse	Rimedoj
Salari	Salajroj
Tendenze	Tendencoj
Unità	Unuoj

Letteratura
Literaturo

Analisi	Analizo
Analogia	Analogio
Aneddoto	Anekdoto
Autore	Aŭtoro
Biografia	Biografio
Conclusione	Konkludo
Confronto	Komparo
Descrizione	Priskribo
Dialogo	Dialogo
Genere	Varo
Metafora	Metaforo
Opinione	Opinio
Poesia	Poemo
Poetico	Poezia
Rima	Rimo
Ritmo	Ritmo
Romanzo	Romano
Stile	Stilo
Tema	Temo
Tragedia	Tragedio

Libri
Libroj

Autore	Aŭtoro
Avventura	Aventuro
Collezione	Kolekto
Contesto	Kunteksto
Dualità	Dueco
Epico	Epopea
Inventivo	Inventa
Letterario	Literatura
Lettore	Leganto
Narratore	Rakontanto
Pagina	Paĝo
Poesia	Poezio
Rilevante	Relevo
Romanzo	Romano
Scritto	Skriba
Serie	Serio
Storia	Rakonto
Storico	Historia
Tragico	Tragika
Umoristico	Humura

Malattia
Malsano

Acuto	Akuta
Addominale	Abdomenaj
Allergie	Alergioj
Batterico	Bakterio
Contagioso	Kontaĝa
Corpo	Korpo
Cronico	Kroniko
Cuore	Koro
Debole	Malforta
Ereditario	Hereda
Genetico	Genetiko
Immunità	Imuneco
Infiammazione	Inflamo
Lombare	Lumba
Neuropatia	Neuropatio
Patogeni	Patógenos
Respiratorio	Spira
Salute	Sano
Sindrome	Sindromo
Terapia	Terapio

Mammiferi
Mamuloj

Balena	Baleno
Cane	Hundo
Canguro	Kanguruo
Cavallo	Ĉevalo
Cervo	Cervo
Coniglio	Kuniklo
Coyote	Kojoto
Delfino	Delfeno
Elefante	Elefanto
Gatto	Kato
Giraffa	Ĝirafo
Gorilla	Gorilo
Leone	Leono
Lupo	Lupo
Orso	Urso
Pecora	Ŝafo
Scimmia	Simio
Toro	Virbovo
Volpe	Vulpo
Zebra	Zebro

Matematica
Matematiko

Angoli	Anguloj
Aritmetica	Aritmetiko
Circonferenza	Cirkonferenco
Decimale	Decimala
Diametro	Diametro
Divisione	Divido
Equazione	Ekvacio
Esponente	Eksponento
Frazione	Frakcio
Geometria	Geometrio
Parallelo	Paralelo
Parallelogramma	Paralelogramo
Perimetro	Perimetro
Poligono	Poligono
Quadrato	Kvadrato
Rettangolo	Rectangulo
Simmetria	Simetrio
Somma	Sumo
Triangolo	Triangulo
Volume	Volumo

Meditazione
Meditado

Accettazione	Akcepto
Attenzione	Atentu
Calma	Trankvile
Chiarezza	Klareco
Compassione	Kompato
Emozioni	Emocioj
Felicità	Feliĉo
Gratitudine	Dankon
Mentale	Menta
Mente	Menso
Movimento	Movado
Musica	Muziko
Natura	Naturo
Osservazione	Observo
Pace	Paco
Pensieri	Pensoj
Postura	Sinteno
Prospettiva	Perspektivo
Respirazione	Spirado
Silenzio	Silento

Meteo
Vetero

Arcobaleno	Ĉielarko
Asciutto	Seka
Atmosfera	Atmosfero
Calma	Trankvile
Cielo	Ĉielo
Clima	Klimato
Fulmine	Fulmo
Ghiaccio	Glacio
Nebbia	Nebulo
Nube	Nubo
Polare	Polusa
Siccità	Sekeco
Temperatura	Temperaturo
Tempesta	Ŝtormo
Tornado	Tornado
Tropicale	Tropika
Tuono	Tondro
Umido	Humida
Uragano	Uragano
Vento	Vento

Misurazioni
Mezuradoj

Altezza	Alto
Byte	Bajto
Centimetro	Centimetro
Chilogrammo	Kilogramo
Chilometro	Kilometro
Decimale	Decimala
Grado	Grado
Grammo	Gramo
Larghezza	Larĝo
Litro	Litro
Lunghezza	Longo
Massa	Maso
Metro	Metro
Minuto	Minuto
Oncia	Unco
Peso	Pezo
Pollice	Colo
Profondità	Profundo
Tonnellata	Tuno
Volume	Volumo

Mitologia
Mitologio

Archetipo	Arketipo
Comportamento	Konduto
Creatura	Besto
Creazione	Kreo
Cultura	Kulturo
Disastro	Katastrofo
Divinità	Dioj
Eroe	Heroo
Forza	Forto
Fulmine	Fulmo
Gelosia	Ĵaluzo
Guerriero	Milito
Immortalità	Senmorteco
Labirinto	Labirinto
Leggenda	Legendo
Magico	Magia
Mortale	Morta
Mostro	Monstro
Tuono	Tondro
Vendetta	Venĝo

Moda
Modo

Abbigliamento	Vesto
Boutique	Boutique
Caro	Kosta
Confortevole	Komforta
Elegante	Eleganta
Minimalista	Minimalista
Misure	Mezurado
Modello	Skemo
Moderno	Moderna
Modesto	Modesta
Originale	Originala
Pizzo	Punto
Pratico	Praktika
Pulsanti	Butonoj
Ricamo	Bromado
Semplice	Simpla
Stile	Stilo
Tendenza	Tendenco
Tessuto	Tifo
Trama	Teksturo

Musica
Muziko

Album	Albumo
Armonia	Harmonio
Armonico	Harmoniko
Ballata	Balado
Cantante	Kantisto
Cantare	Kantu
Classico	Klasika
Coro	Ĥoro
Lirico	Liriko
Melodia	Melodio
Microfono	Mikrofono
Musicale	Muzika
Musicista	Muzikisto
Opera	Opero
Poetico	Poezia
Registrazione	Registro
Ritmico	Ritma
Ritmo	Ritmo
Strumento	Instrumento
Vocale	Voĉo

Natura
Naturo

Animali	Bestoj
Api	Abeloj
Artico	Arkto
Bellezza	Beleco
Deserto	Dezerto
Dinamico	Dinamika
Erosione	Erozio
Fiume	Rivero
Fogliame	Folioj
Foresta	Arbaro
Ghiacciaio	Glacero
Montagne	Montoj
Nebbia	Nebulo
Nuvole	Nuboj
Santuario	Rifuĝo
Selvaggio	Sovaĝa
Sereno	Serena
Tropicale	Tropika
Vitale	Nemalhavebla

Numeri
Nombroj

Cinque	Kvin
Decimale	Decimala
Diciannove	Dek Naŭ
Diciassette	Dek Sep
Diciotto	Dek Ok
Dieci	Dek
Dodici	Dek Du
Due	Du
Nove	Naŭ
Otto	Ok
Quattordici	Dek Kvar
Quattro	Kvar
Quindici	Dek Kvin
Sedici	Dek Ses
Sei	Ses
Sette	Sep
Tre	Tri
Tredici	Dek Tri
Venti	Dudek
Zero	Nul

Nutrizione
Nutrado

Amaro	Amara
Appetito	Apetito
Bilanciato	Ekvilibra
Calorie	Kalorioj
Commestibile	Manĝebla
Dieta	Dieto
Digestione	Digesto
Fermentazione	Fermentado
Gusto	Gusto
Liquidi	Likvaĵoj
Nutriente	# Nutra? O
Peso	Pezo
Proteine	Proteinoj
Qualità	Kvalito
Salsa	Saŭco
Salute	Sano
Sano	Sana
Spezie	Specoj
Tossina	Toksino
Vitamina	Vitamino

Oceano
Oceano

Alghe	Algoj
Anguilla	Angilo
Balena	Baleno
Barca	Boato
Corallo	Koralo
Delfino	Delfeno
Gamberetto	Salikoko
Granchio	Krabo
Medusa	Meduzoj
Onde	Ondoj
Ostrica	Ostro
Pesce	Fiŝo
Polpo	Polpo
Sale	Salo
Scogliera	Rifo
Spugna	Spongo
Squalo	Ŝarko
Tartaruga	Testudo
Tempesta	Ŝtormo
Tonno	Tinuso

Paesaggi
Pejzaĝoj

Cascata	Akvofalo
Deserto	Dezerto
Dune	Dunoj
Fiume	Rivero
Geyser	Gejsero
Ghiacciaio	Glacero
Grotta	Kaverno
Iceberg	Glacebergo
Isola	Insulo
Lago	Lago
Mare	Maro
Montagna	Monto
Oasi	Oazo
Oceano	Oceano
Palude	Marĉo
Penisola	Peninsulo
Spiaggia	Plaĝo
Tundra	Tundro
Valle	Valo
Vulcano	Vulkano

Paesi #1
Landoj #1

Brasile	Brazilo
Cambogia	Kambojo
Canada	Kanado
Egitto	Egipto
Finlandia	Finnlando
Germania	Germanio
India	Barato
Iraq	Irako
Israele	Israelo
Libia	Libio
Mali	Malio
Marocco	Maroko
Norvegia	Norvegio
Panama	Panamo
Polonia	Pollando
Romania	Rumanio
Senegal	Senegalo
Spagna	Hispanio
Venezuela	Venezuelo
Vietnam	Vjetnamio

Paesi #2
Landoj #2

Albania	Albanio
Danimarca	Danio
Etiopia	Etiopio
Giamaica	Jamajko
Giappone	Japanio
Grecia	Grekio
Haiti	Haitio
Indonesia	Indonezio
Irlanda	Irlando
Laos	Laoso
Liberia	Liberio
Messico	Meksiko
Nepal	Nepalo
Nigeria	Nigerio
Pakistan	Pakistano
Russia	Rusio
Siria	Sirio
Sudan	Sudano
Ucraina	Ukrainio
Uganda	Ugando

Pesca
Fiŝkaptado

Acqua	Akvo
Attrezzatura	Ekipaĵo
Barca	Boato
Branchie	Brikoj
Cesto	Korbo
Cucinare	Kuiristo
Esagerazione	Troigo
Esca	Logaĵo
Filo	Drato
Fiume	Rivero
Gancio	Hoko
Lago	Lago
Mascella	Makzelo
Oceano	Oceano
Pazienza	Pacienco
Peso	Pezo
Pinne	Naĝiloj
Spiaggia	Plaĝo
Stagione	Sezono

Piante
Plantoj

Albero	Arbo
Bacca	Bero
Bambù	Bambuo
Botanica	Botaniko
Cactus	Kakto
Cespuglio	Arbusto
Crescere	Kresku
Edera	Hedero
Erba	Herbo
Fagiolo	Fabo
Fertilizzante	Sterko
Fiore	Floro
Flora	Flora
Fogliame	Folioj
Foresta	Arbaro
Giardino	Ĝardeno
Muschio	Musko
Petalo	Petalo
Radice	Radiko
Vegetazione	Vegetaĵaro

Professioni #1
Profesioj #1

Allenatore	Trejnisto
Ambasciatore	Ambasadoro
Artista	Artisto
Astronomo	Astronomo
Avvocato	Advokato
Ballerino	Dancisto
Banchiere	Bankisto
Cacciatore	Ĉasisto
Cartografo	Kartografo
Editore	Redaktoro
Farmacista	Apotekisto
Geologo	Geologo
Gioielliere	Juvelisto
Idraulico	Plumbisto
Infermiera	Vartistino
Musicista	Muzikisto
Pianista	Pianisto
Psicologo	Psikologo
Scienziato	Sciencisto
Veterinario	Veterinaro

Professioni #2

Profesioj #2

Astronauta	Astronaŭto
Bibliotecario	Bibliotecario
Biologo	Biologo
Chirurgo	Kirurgo
Dentista	Dentisto
Filosofo	Filozofo
Fotografo	Fotisto
Giardiniere	Ĝardenisto
Giornalista	Ĵurnalisto
Illustratore	Ilustristo
Ingegnere	Inĝeniero
Insegnante	Instruisto
Inventore	Inventinto
Investigatore	Enketisto
Linguista	Lingvisto
Medico	Kuracisto
Pilota	Piloto
Pittore	Pentristo
Ricercatore	Esploristo
Zoologo	Zoologo

Psicologia

Psikologio

Appuntamento	Nomumo
Clinico	Klinika
Cognizione	Sciiĝo
Comportamento	Konduto
Conflitto	Konflikto
Ego	Egoismo
Emozioni	Emocioj
Esperienze	Spertoj
Idee	Ideoj
Inconscio	Senkonscia
Infanzia	Infanaĝo
Pensieri	Pensoj
Percezione	Percepto
Personalità	Personeco
Problema	Problemo
Realtà	Realo
Sensazione	Sento
Subconscio	Subkonscia
Terapia	Terapio
Valutazione	Takso

Riscaldamento Globale

Tutmonda # Varmi? O

Ambientale	Media
Artico	Arkto
Attenzione	Atentu
Clima	Klimato
Crisi	Krizo
Dati	Datumo
Energia	Energio
Futuro	Estonteco
Gas	Gazo
Generazioni	Generacioj
Governo	Registaro
Habitat	Habitatoj
Industria	Industrio
Internazionale	Internacia
Legislazione	Leĝo
Ora	Nun
Popolazioni	Loĝantaroj
Scienziato	Sciencisto
Sviluppo	Evoluo
Temperature	Temperaturoj

Ristorante #2

Restoracio #2

Acqua	Akvo
Bevanda	Trinkaĵo
Cameriere	Kelnero
Cena	Vespermanĝo
Cucchiaio	Kulero
Delizioso	Bonaj
Forchetta	Forko
Frutta	Frukto
Ghiaccio	Glacio
Insalata	Salato
Minestra	Supo
Pesce	Fiŝo
Pranzo	Tagmanĝo
Sale	Salo
Sedia	Seĝo
Spezie	Specoj
Torta	Kuko
Uova	Ovoj
Verdure	Legomoj

Salute e Benessere #1

Sano kaj Wellness #1

Abitudine	Kutimo
Altezza	Alto
Attivo	Aktiva
Batteri	Bakterioj
Clinica	Kliniko
Fame	Malsato
Farmacia	Apoteko
Frattura	Frakturo
Medicina	Medicino
Medico	Doktoro
Muscoli	Muskoloj
Nervi	Nervoj
Ormoni	Hormonoj
Pelle	# ha? To
Postura	Sinteno
Riflesso	Reflekso
Rilassamento	Malstreĉiĝo
Terapia	Terapio
Trattamento	Traktado
Virus	Viruso

Salute e Benessere #2

Sano kaj Wellness #2

Allergia	Alergio
Anatomia	Anatomio
Appetito	Apetito
Caloria	Kalorio
Corpo	Korpo
Dieta	Dieto
Digestione	Digesto
Disidratazione	# Senakvi? O
Energia	Energio
Genetica	Genetiko
Igiene	Higieno
Infezione	Infekto
Malattia	Malsano
Massaggio	Masaĝo
Nutrizione	Nutrado
Ospedale	Hospitalo
Peso	Pezo
Sangue	Sango
Sano	Sana
Vitamina	Vitamino

Scienza
Scienco

Atomo	Atomo
Chimico	Kemiko
Clima	Klimato
Dati	Datumo
Esperimento	Eksperimento
Evoluzione	Evoluo
Fatto	Fakto
Fisica	Fiziko
Fossile	Fosilo
Gravità	Gravito
Ipotesi	Hipotezo
Laboratorio	Laboratorio
Metodo	Metodo
Minerali	Mineraloj
Molecole	Molekuloj
Natura	Naturo
Organismo	Organismo
Osservazione	Observo
Particelle	Eroj
Scienziato	Sciencisto

Spezie
Spicoj

Aglio	Ajlo
Amaro	Amara
Anice	Anizo
Cannella	Cinamo
Cardamomo	Cardamom
Cipolla	Cepo
Coriandolo	Koriandro
Cumino	Kumino
Curcuma	Turmeric
Curry	Curry
Dolce	Dolĉa
Finocchio	Fenkolo
Gusto	Gusto
Liquirizia	Glikorico
Noce Moscata	Nutmeg
Pepe	Pipro
Sale	Salo
Vaniglia	Vanilo
Zafferano	Safrano
Zenzero	Zingibro

Tempo
Tempo

Anno	Jaro
Calendario	Kalendaro
Decennio	Jardeko
Dopo	Post
Futuro	Estonteco
Giorno	Tago
Ieri	Hieraŭ
Mattina	Mateno
Mese	Monato
Mezzogiorno	Tagmezo
Minuto	Minuto
Momento	Momento
Notte	Nokto
Oggi	Hodiaŭ
Ora	Hora
Orologio	Horloĝo
Presto	Baldaŭ
Prima	Antaŭ
Secolo	Jarcento
Settimana	Semajno

Tipi di Capelli
Haraj Tipoj

Argento	Arĝento
Asciutto	Seka
Bianco	Blanka
Biondo	Blonda
Breve	Mallonga
Calvo	Kalva
Colorato	Koloraj
Grigio	Griza
Intrecciato	Braided
Liscio	Glata
Lungo	Longa
Marrone	Bruna
Morbido	Mola
Nero	Nigra
Riccio	Bukla
Riccioli	Bukloj
Sano	Sana
Sottile	Maldika
Spessore	Dika
Trecce	Plektaĵoj

Uccelli
Birdoj

Airone	Ardeo
Anatra	Anaso
Aquila	Aglo
Cicogna	Cikonio
Cigno	Cigno
Cuculo	Kukolo
Falco	Falko
Fenicottero	Flamingo
Gabbiano	Mevo
Oca	Ansero
Pappagallo	Papago
Passero	Pasero
Pavone	Pavo
Pellicano	Pelikano
Piccione	Kolombo
Pinguino	Pingveno
Pollo	Kokido
Struzzo	Struto
Tucano	Toucan
Uovo	Ovo

Universo
Universo

Asteroide	Asteroido
Astronomia	Astronomio
Astronomo	Astronomo
Atmosfera	Atmosfero
Buio	Mallumo
Celeste	Ĉiela
Cielo	Ĉielo
Cosmico	Kosma
Emisfero	Hemisfero
Equatore	Ekvatoro
Galassia	Galaksio
Latitudine	Latitudo
Luna	Luno
Orbita	Orbito
Orizzonte	Horizonto
Solare	Suna
Solstizio	Solstico
Telescopio	Teleskopo
Visibile	Videble
Zodiaco	Zodiako

Vacanze #2
Ferio #2

Aeroporto	Flughaveno
Campeggio	Tendumado
Destinazione	Destino
Foto	Fotoj
Hotel	Hotelo
Isola	Insulo
Mappa	Mapo
Mare	Maro
Passaporto	Pasporto
Ristorante	Restoracio
Spiaggia	Plaĝo
Straniero	Fremdulo
Taxi	Taksio
Tempo Libero	Libertempo
Tenda	Tendo
Trasporto	Transportado
Treno	Trajno
Vacanza	Ferio
Viaggio	Vojaĝo
Visto	Viza

Veicoli
Veturiloj

Aereo	Aviadilo
Ambulanza	Ambulanco
Auto	Aŭto
Autobus	Buso
Barca	Boato
Bicicletta	Biciklo
Camion	Kamiono
Caravan	Karavano
Elicottero	Helikoptero
Metropolitana	Metroo
Motore	Motoro
Pneumatici	Pneŭoj
Razzo	Raketo
Scooter	Skotero
Sottomarino	Submarŝipo
Taxi	Taksio
Traghetto	Primo
Trattore	Tractor
Treno	Trajno
Zattera	Floso

Verdure
Legomoj

Aglio	Ajlo
Broccolo	Brokolo
Carciofo	Artiŝoko
Carota	Karoto
Cetriolo	Kukumo
Cipolla	Cepo
Fungo	Fungo
Insalata	Salato
Melanzana	Melanzo
Patata	Terpomo
Pisello	Pizo
Pomodoro	Tomato
Prezzemolo	Petroselo
Rapa	Rapo
Ravanello	Rafano
Scalogno	Shallot
Sedano	Celerio
Spinaci	Spinaco
Zenzero	Zingibro
Zucca	Kukurbo

Vestiti
Vestoj

Abito	Vesto
Braccialetto	Braceleto
Calzini	Ŝtrumpetoj
Camicetta	Bluzo
Camicia	Ĉemizo
Cappello	Ĉapelo
Cappotto	Mantelo
Cintura	Zono
Collana	Koliero
Giacca	Jako
Gonna	Jupo
Grembiule	Antaŭtuko
Guanti	Gantoj
Maglione	Seveter
Moda	Modo
Pantaloni	Pantalono
Pigiama	Piĵamo
Sandali	Sandaloj
Scarpa	Ŝuo
Sciarpa	Skulo

Congratulazioni

Ce l'hai fatta!

Speriamo che questo libro vi sia piaciuto tanto quanto a noi è piaciuto concepirlo. Ci sforziamo di creare libri della più alta qualità possibile.
Questa edizione è progettata per fornire un apprendimento intelligente, di qualità e divertente!

Le è piaciuto questo libro?

Una Semplice Richiesta

Questi libri esistono grazie alle recensioni che pubblicate.

Puoi aiutarci lasciando una recensione
ora a questo link ?

BestBooksActivity.com/Recensioni50

SFIDA FINALE!

Sfida n°1

Sei pronto per il tuo gioco gratuito? Li usiamo sempre, ma non sono così facili da trovare - ecco i Sinonimi!
Scrivi 5 parole che hai trovato nei puzzle (n° 21, n° 36, n° 76) e prova a trovare 2 sinonimi per ogni parola.

*Scrivi 5 parole del **Puzzle 21***

Parole	Sinonimo 1	Sinonimo 2

*Scrivi 5 parole del **Puzzle 36***

Parole	Sinonimo 1	Sinonimo 2

*Scrivi 5 parole del **Puzzle 76***

Parole	Sinonimo 1	Sinonimo 2

Sfida n°2

Ora che ti sei riscaldato, scrivi 5 parole che hai trovato nei puzzle n° 9, n° 17 e n° 25 e cerca di trovare 2 contrari per ogni parola. Quanti ne puoi trovare in 20 minuti?

Scrivi 5 parole del ***Puzzle 9***

Parole	Antonimo 1	Antonimo 2

Scrivi 5 parole del ***Puzzle 17***

Parole	Antonimo 1	Antonimo 2

Scrivi 5 parole del ***Puzzle 25***

Parole	Antonimo 1	Antonimo 2

Sfida n°3

Grande! Questa sfida  non è niente per te!

Pronto per la sfida finale? Scegli 10 parole che hai scoperto nei diversi puzzle e scrivile qui sotto.

1.	6.
2.	7.
3.	8.
4.	9.
5.	10.

Ora scrivi un testo pensando a una persona, un animale o un luogo che ti piace.

Puoi usare l'ultima pagina di questo libro come bozza.

La tua composizione:

TACCUINO:

A PRESTO!

Tutta la Squadra

www.ingramcontent.com/pod-product-compliance
Lightning Source LLC
Chambersburg PA
CBHW082052120626
46553CB00011B/3371
9798896705642